갱미몬

통역사
성공스토리

갱미몬
통역사
성공스토리

초판 1쇄 인쇄 2023년 3월 30일
초판 1쇄 발행 2023년 4월 14일

지 은 이 | 장경미
펴 낸 이 | 박경실
펴 낸 곳 | **PAGODA Books** 파고다북스
출판등록 | 2005년 5월 27일 제 300-2005-90호
주   소 | 06614 서울특별시 서초구 강남대로 419, 19층(서초동, 파고다타워)
전   화 | (02) 6940-4070
팩   스 | (02) 536-0660
홈페이지 | www.pagodabook.com

ISBN 978-89-6281-892-5 (02190)

파고다북스   www.pagodabook.com
파고다 어학원   www.pagoda21.com
파고다 인강   www.pagodastar.com
테스트 클리닉   www.testclinic.com

❙ 낙장 및 파본은 구매처에서 교환해 드립니다.

갱미몬 통역사 성공 스토리

너의 영어
GG 않게
내가
널
GG해

장경미(갱미몬) 지음

포기하던지 끝까지 하던지

학교에서나 직장에서 억울한 일을 당했을 때, 혼내 주고 싶은 못된 사람들을 만났을 때, '내게 초능력이 있다면 얼마나 좋았을까?'라는 상상을 종종 하곤 했다. 하지만 역시나 초능력은 상상 속에 존재하는 초자연적인 힘이었다는 것을 깨닫고 현실 세계에서 가질 수 있는 나만의 초능력이 무엇일까 고민했다.

영어는 내겐 초능력이었다. 영어를 통해 시간과 공간을 넘나들며 새로운 사람을 만나고 소통하고 배우는 삶을 살게 되었다. 영어는 수많은 문을 열 수 있는 열쇠이다. 영어를 잘한다는 것은 단순히 하나의 언어를 습득하는 것 이상의 의미를 가진다. 여전히 영어는 명실상부한 글로벌 언어이자, 강력한 힘을 가진 언어이다. 영어를 잘하게 되는 건 단순히 원어민과 소통을 하는 것 이상으로 정보 습득에 있어서 우위를 차지하게 된다는 것이고, 정보가 돈인 현대 사회에서는 이기는 게임을 할 수 있다는 것을 의미하기도 한다. 게임의 룰은 간단하다.

'포기하지 않는다.'

이 룰만 잘 기억한다면 당신이 열 수 있는 방의 개수는 상상도 할 수 없을 정도로 많다는 것을 깨닫는 데 그리 오래 걸리지 않을 것이다.

영어 공부에는 왕도가 없다. 타고나기를 언어 센스가 좋은 사람들은 영어를 좀 더 빠르게 익힐 수는 있겠지만 그렇다고 해서 센스 있는 사람만 잘할 수 있는 영역도 아니다. 오랜 시간 영어 학습자들과 영어를 자유롭게 구사하는 사람들을 지켜본 결과, 그들에게는 한 가지 공통점이 있었다. 바로 '끝까지 해내는 능력'이다. 이들은 언어라는 것이 단기간에 정복할 수 없다는 것을 알고 있기 때문에 장기간 꾸준한 학습을 지속한다. 생각만큼 실력이 따라오지 않으며 실수를 남발하게 되더라도, 언젠가는 영어를 자유롭게 구사하는 자기 자신을 상상하며 묵묵히 내공을 쌓는다.

단기간 안에 이룰 수 있는 단단한 성공이란 존재하지 않는다. 오로지 시도하고, 실수하고, 실패하고, 인내하고, 노력하는 과정을 통해서만 단단한 내공을 기를 수 있다. 이 책은 당신의 영어로 향하는 여정에 잠시 기름 한 번 충전하고 가는 수준의 영감을 줄 수 있을 것이다. 달콤한 말로 당신에게 지름길을 안내해 주겠다는 말은 하지 않겠다. 하지만 길을 헤매고 의지가 꺾일 때마다 당신을 조금씩 앞으로 나아가게 하는 기름 정도의 역할만이라도 한다면 이 책을 집필한 소기의 목적을 달성했다고 본다.

명심하라. 영어에 왕도는 없다.
오로지 내가 정직하게 흘린 땀만이 나를 목적지로 데려다 줄 것이다.

당신보다 조금 먼저 비포장도로를 달린,
여전히 목적지를 향해 묵묵히 나아가고 있는 학습자의 한 사람으로서
이 책을 겸손한 마음으로 당신께 드립니다.

- 저자 갱미몬 -

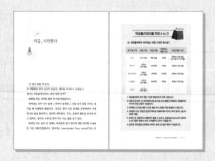

Chapter 4. 내 마음 어루만지기

마음속에 오랫동안 간직했던 '영어'라는
꿈을 다시 한번 꺼내 보세요.
여러분 안에 있는 무한한 가능성을 믿고,
앞으로 나아갈 수 있도록
갱미몬이 진심으로 응원합니다!

본책만큼 알찬 〈갱미몬 통역사 성공스토리〉 부록

파고다북스 홈페이지에서 다운로드 받으실 수 있습니다. (www.pagodabook.com)

영어식 사고방식을 바탕으로, 영어에서 절대 빠질 수 없는 기본 문형과 구동사 등을 활용하여 문장 만드는 연습을 해 보세요.

부록 1. 세계관 • 사고관의 차이
서양인과 동양인의 세계관과 사고관이 어떻게 다른지 함께 살펴봅시다.

부록 2. 영어다운 영어?
한국식이 아닌, 영어 구조 그대로를 받아들여서 문장을 만들어 보세요.

부록 3. 단어 • 문법 말고 메시지
단어와 문법에 연연하지 말고, 궁극적인 의미 전달에 초점을 맞춰 보세요.

부록 4. 한 단어 동사 말고 덩어리 동사
회화에서 필수로 쓰이는 덩어리 동사(구동사)를 활용해 보세요.

부록 5. 단어 학습은 이렇게!
잊어버리는 단어는 NO! 효율적인 단어 학습법으로 단어를 오랫동안 기억해 보세요.

CONTENTS

Chapter 3. 제대로 들여다보는 영어의 세계

Chapter 4. 내 마음 어루만지기

Chapter 1.

Journey to English

#1

지금, 시작한다

'난 왠지 못할 것 같아.

저 사람들은 언어 감각이 있겠지, 해외를 다녀와서 그렇겠지.

영어로 자유롭게 말하는 날이 정말 올까?'

회화를 처음 시작할 때의 제 마음이었습니다.

영어라는 산이 너무 높게 느껴져서 결국엔 그 산을 넘지 못할 거라는 생각을 꽤 오랫동안 했습니다. 지금은 영어 교육 회사를 운영하면서 국내 대기업 출신 통번역사, 통번역 에이전시, 작가, 유튜버 활동을 동시에 하고 있어요. 영어로 소위 밥 벌어 먹고 사는 삶을 살고 있죠.

하지만 저도 십여 년 전에는 여러분과 같이 영어에 대한 막연한 두려움을 가진 사람이었답니다. 영어에는 'start(make) from scratch'라는 표현이 있습니다. 아무것도 없이 처음부터, 맨땅에서 시작한다는 의미인데요. 여기서 'scratch'는 달리기 경주의 '출발선'으로, 'start(make) from scratch'는 출발선에서 출발한다는 의미를 가진 표현이에요.

모두가 저마다 다른 환경, 다른 조건에서 영어를 배우지만, 한국에서 나고 자란 사람이라면 기본적으로 공교육에서 중점적으로 배우는 방향이 'spoken(발화 위주)'이 아닌 'written(독해, 문법 위주)'이기 때문에 성인이 되어서야 말하는 영어를 시작하는 경우가 대부분입니다. 이런 면에서 대한민국에서의 영어 회화는 대부분의 사람들이 어느 정도 동일 선상에서 출발한다고 볼 수 있어요. 하지만 모두가 결승선에 다다를 순 없습니다. 누군가는 간신히 공인 영어 성적만 만들고 끝나기도 하고, 누군가는 세계를 무대로 자신의 영역을 확장하기도 하죠. 이런 차이는 어디에서 생기는 걸까요?

Start from scratch.

Make from scratch.

중요한 건 바로 시작하는 것, 그리고 무언가를 끊임없이 만드는 것입니다. '아, 영어 잘하고 싶다.'라는 생각에서 그치는 것이 아니라 바로 지금 무언가를 시작해 보는 겁니다. 시작을 하면 당연히 좌절도 하고 실패도 겪게 됩니다. 여러분도 아시다시피 시작과 동시에 성공하는 건 거의 불가능에 가까워요. 하지만 좌절과 실패, 구슬땀을 각각 하나의 점이라고 생각한다면 그 점들이 언젠가는 하나의 선으로, 그 선들이 또 하나의 길로 연결되게 되죠.

교수님의 영어를 알아듣지 못해 수업 시간마다 맨 뒷자리에 앉아 혹시나 호명될까 조마조마했던 대학 시절, 혼자서 도서관에 앉아 영자 신문을 읽는데 눈물이 주르륵 흘렀습니다.

'못하겠어…. 학교 그만두고 싶어.'

'스트레스 받지 않으면서 내가 좋아하는 일을 하고 싶어. 내가 뭘 좋아하지? 음…, 빵! 빵을 좋아해! 빵을 만드는 사람이 될까? 그래! 파티시에가 되는 거야!'

이렇게 영어가 너무 두려워서 내가 진짜 좋아하는지 확신조차 없는 분야로 무리하게 진로를 변경하려고 한 적도 있었죠.

"엄마 나 빵 만드는 사람 될까? 학교 그만두고 전문대로 다시 들어갈까?"

이미 집으로 성적표가 발송된 터라 F가 가득한 성적표를 본 어머니는 이 모든 상황을 알고 계셨어요. '그게 무슨 소리니? 힘들게 간 대학을 그만둔다니!'라고 말씀하실 줄 알았는데 어머니는 이렇게 대답하셨죠.

"경미야, 엄마는 경미가 맛있는 빵을 구워주는 것도 기쁘겠지만 그것보다는 맛있는 빵을 사 먹는 사람이 되었으면 좋겠어."

'엄마…, 자신이 없어요. 출발선부터 다른 사람들 속에서 해낼 자신이 없어요.' 마음속에선 이렇게 외치고 있었지만 영어에 대한 꿈을 포기할 수 없었어요. 엄마의 말씀을 통해 파티시에는 내가 진짜 원하는 게 아닌 도피처일 뿐이고, 여전히 영어를 좋아하고 잘하고 싶다는 마음이 한편에 있었다는 것을 깨닫게 되었죠. 다시 마음을 다잡았어요. '할 수 있는 것부터 차근차근 시작해 보자!'

그렇게 새벽엔 영어 스터디, 낮에는 학교, 저녁에는 이태원에서 아르바이트를 하며 주어진 환경에서 영어를 잘 해낼 수 있는 방법을 찾기 시작했어요. 새벽에 영어 스터디를 하느라 수면 시간은 부족했지만 매일 새벽 지하철을 타며 학교로 가는 길이 설렜습니다. 교실에서는 맨 뒷자리에서 맨 앞자리로 자리를 바꿔 앉기 시작했고요. 저녁 마감 아르바이트를 하던 레스토랑에서도 공부한 표현들을 바로 써먹을 수 있다는 사실에 기뻤습니다.

지금 생각해 보면, 말도 안 되는 실수들을 하고 쉬운 단어조차 떠올리지 못하던 시간들이 쌓이고 쌓여서 지금의 제가 있다고 생각해요. 지금은 영어로 많은 사람들에게 영향을 줄 수 있게 되었죠. 국내 대기업 사내 통역사로 근무하기도 하고 TV에서만 보던 CEO, 유명인들의 귀와 입이 되어 통역을 하기도 했습니다. 제 수업을 듣기 위해 제주도, 부산 등 전국 각지에서 사람들이 찾아오고 '영어 선생님을 가르치는 선생님'도 되었어요. 여러 권의 저서를 집필한 저자가 되기도 했고요.

그때 두려움을 깨고 '시작'했던 일,
발 앞에 놓인 수많은 돌부리에 걸려 넘어졌던 일,
그래도 포기하지 않고 계속해서 실수하고 '실패'를 만들었던 일,
그 '시작'과 '실패'가 지금의 저를 있게 했습니다.

아직 출발선 앞에 서서 출발을 주저하고 있다면 기억하세요. 지금 이 앞으로 내딛는 한 걸음으로 마음속에 품었던 모든 것들을 다 이룰 수 있습니다. 어쩌면 꿈꾸던 것보다 더 큰 세상이 당신을 기다리고 있을지도 몰라요.

그러니까 지금,
시작하세요.

#2

나를 키운 건
8할이 굴욕

중학생 때 처음 알파벳을 배웠습니다. 영어 시간에 선생님께서 묵직한 몽둥이로 칠판을 두드리며 목이 터져라 'I, my, me, mine'을 외치실 때 영어는 그냥 외워야 하는 과목이라고 생각했더랬죠.

중·고등학교 시절에는 한 번도 영어를 잘하는 축에 들지 못하고 입시 영어를 급급하게 준비하며 대학 진학을 고민하게 되었습니다. 원래 국어 선생님이 되고 싶었지만, 사범대의 높은 문턱에 가로막히게 되었어요. 진로를 고민하던 차에 담임 선생님과 면담을 했습니다.

"선생님, 저 선생님이 되고 싶은데 아무래도 사범대는 쉽지 않을 것 같아요."

"경미야, 선생님은 경미가 영어 통번역학과에 가면 좋겠어. 내가 지켜본

경미는 학교 안에 있는 것보다 더 넓은 세계에서 활동하는 일이 더 잘 맞을 것 같아."

"선생님, 전 영어로 한마디도 못하는데 어떻게 영어 통역을 공부해요?"

"넌 잘할 거야. 너는 아무리 힘든 상황에서도 반드시 길을 찾을 거야."

고3 담임 선생님께서는 영어 선생님이셨고, 제가 사범대에 가면 실용영어보다는 영어 교육 쪽에 치중하게 될 거라 생각하셨던 것 같아요. 그런 제게 현실적인 조언을 해주셨습니다.

'영어 통번역학과? 그건 영어를 진짜 잘하는 사람들이 가는 과 아닌가? 내가 그 과에 가면 과연 잘할 수 있을까?' 그 무렵 아버지의 친구분께서 하신 말씀이 전공을 선택하는 데 영향을 주기도 했습니다.

"경미야, 아저씨가 아는 사람 딸이 통번역대학원 졸업하고 통역사로 커리어를 시작하는데 정말 멋지더라. 경미 너도 통역사라는 직업이 잘 어울릴 것 같다."

'아저씨가 내 영어 실력을 잘 몰라서 그러시는구나. 아니 그런데 왜 사람들이 통역사 하면 잘할 것 같다는 말을 자꾸 하지? 통번역이 뭐지? 내가 잘할 수 있을까?'

그렇게 마음속에 자그마한 꿈틀거림이 시작되었고, 저는 막연한 동경과 기대를 가지고 영어 통번역학과에 진학하게 되었어요. 대학교 입학 전까지 한 번도 말하는 영어를 해 보지 못했기 때문에 대학 입학 후 저의 삶은 하루하루가 생존에 가까웠습니다. 영어를 차근차근 가르쳐 주는 것까지는 바라지도 않았지만, 학부 생활은 시작부터 잔혹했습니다. 원어민 동기들의 저세상급 영어 실력은 저를 주눅 들게 하기에 충분했습니다. 공부를 아무리 열심히 해도 항상 꼴찌는 제 차지였죠. 아무리 발버둥을 쳐 봐도 출발선부터 다른 동기들을 따라가기에는 역부족이었어요. 동기들은 이미 영어가 모국어이거나, 한국어와 영어 모두 완벽하게 이해하고 말할 수 있을 정도로 언어가 완성형인 상태였었죠. 재외 국민 전형, 외국어 특기자 전형이 있었던 때라 과 정원의 과반수가 이미 영어가 모국어 수준으로 편안한 친구들이였습니다.

그에 반해 저는 수능 어휘도 간신히 외워서 대학에 들어왔는데, 통번역 사전을 달달 외워서 봐야 하는 시험은 너무나 높은 벽처럼 다가왔던 거죠. 영어도 영어였지만 학습량이 고3 수험생과는 비교가 안 될 정도로 많았고 강도가 높았습니다. 장밋빛 캠퍼스 라이프를 기대하고 대학에 입학했지만, 저를 기다리고 있었던 건 두꺼운 전공 서적과 사전이었던 거죠.

전공 수업으로 인한 스트레스가 너무 심해서 시험 날에는 아예 시험을 치르지 않는 바보 같은 짓까지 저지르기도 했습니다. '근성' 하나면 누구에게도 뒤지지 않는다고 자부했던 저인데, 중요한 전공 시험을 연달아 치지 않았을 정도이니, 당시 제가 영어에 대해 느꼈던 부담감과 스트레스는 정말 엄청났었다고 할 수 있어요. 1학년 1학기에는 학사 경고를 받고 1학년 2학기에는 학사 경고를 간신히 면한 수준으로 폭풍 같았던 신입생 시절이 지나갔죠.

방학이 돼도 즐겁지 않았어요. 곧 다음 학기가 시작될 텐데, 과연 내가이 수업을 따라갈 수 있을까 하는 고민을 수없이 했습니다. 고향으로 내려가는 버스를 기다리던 중, 터미널에 있던 대형 서점에서 우연히 ≪CNN

매거진≫이라는 것을 발견하게 되었습니다. 그 당시 일 년 구독료가 30만 원 정도였는데 고시원에 살면서 학식도 돈을 쪼개 가면서 먹던 제게 30만 원은 큰돈이었습니다. 하지만 원어민 강사에게 1:1 수업을 듣는 것보다 이 방법이 조금 덜 비싸고 덜 두려운 방법이라 생각해 큰마음을 먹고 ≪CNN 매거진≫ 구독을 시작했습니다. 방학 동안 고시원에서 제대로 들리지도 않는 〈CNN〉을 하루 종일 들으며 나름 열심히 무장했다고 생각하고 첫 수업에 들어갔습니다.

하지만 거기에는 또 한 번의 큰 산이 저를 기다리고 있었습니다. 교수님 께서 첫 수업부터 남북 관계에 대한 심층 토론을 시키셨거든요. 동기들의 입에선 '군사분계선, 인천상륙작전, 정전협정' 등과 같은 용어들이 쏟아져 나오기 시작했고 저는 그 자리에서 꿔다 놓은 보릿자루처럼 입도 뻥긋하 지 못하고 있었습니다. 그러자 보다 못한 교수님께서 제게 와서 한마디를 외치셨어요.

"Get out!"

순간 얼굴이 빨개지고 당혹감과 수치심, 모 욕감이 한꺼번에 몰려왔지만, 그 상황에서 할 수 있는 일이라곤 가방을 주섬주섬 챙겨서 나 오는 일뿐이었습니다. 그때 다짐했죠. 영어로 말을 할 수 있는 수준을 넘어서 영어를 정말 '잘하는' 사람이 되자고 말이에요. 그때의 'Get out 교수님'이 없었다면 아마 지금의 저도 없었을 거예요. 입에 쓴 약이 병에는 좋다라는 말이 있긴 하지만 강의실에서 쫓겨났던 그때의 그 경험은 제겐 너무 쓰디쓴 약이었어요. 하지만 바로 이 '수치심과 모욕감'이 제가 영어 공부를 하는 데 있어서 가장 강력한 동기가 되었답니다. 여러분도 혹시나 영어 때문에 창피함과 수치심을 느꼈다면 그 감정을 여러분을 성장시킬 터닝 포인트로 받아들여 보세요. 김구(1876-1947, 한국의 정치가·독립운동가) 선생님께서 이런 말씀을 하셨죠.

"상처를 받을 것인지 말 것인지 내가 결정한다.
또 상처를 키울 것인지 말 것인지도 내가 결정한다.
그 사람 행동은 어쩔 수 없지만 반응은 언제나 내 몫이다."

만약 그때 수치심에 전과해 버렸다면? 어려운 수업을 피해 학점을 잘 받을 수 있는 과목만 수강하고 졸업해 버렸다면? 지금 이렇게 이 글을 쓰게 되는 순간도 찾아오지 않았을 거예요. 여러분, 꿈을 이루는 데에는 수많은 어려움과 난관이 있을 테지만, 그런 난관에 맞닥뜨릴 때마다 스스로에게 이렇게 말하세요.

"피할 수 없다면
정면으로 뚫고 지나가겠어!"

3

최고의 학습은
누군가를 가르치는 것

2학년 1학기를 마치고 머릿속에는 단 하나의 생각밖에 없었어요.

'영어로 자유롭게 말할 순 없어도, 적어도 에세이 과제에서 빨간 줄은 없게 하겠어!'

처음부터 '영어를 원어민처럼 말하겠어!, 영어 통역사가 되겠어!'와 같은 원대한 포부를 갖지는 않았습니다. '어째서 내 에세이는 항상 빨간 줄 투성일까? 교수님은 내 에세이를 첨삭하시면서 얼마나 짜증이 나셨을까?' 이런 생각이 머릿속을 가득 메울 때마다 변하고 싶었습니다. 간절히… 미치도록 제 자신을 바꾸고 싶었습니다.

2학년이 되자 동기들이 하나둘씩 휴학을 하고 어학연수를 떠나기 시작했습니다. '나도 어학연수를 다녀오고 싶어. 그런데 지금도 부모님께서 서울로 학교 보낸다고 매달 이렇게 많은 돈을 쓰고 계시는데 어학연수까지 간다고 하면 많이 부담되시겠지? 좋은 방법이 없을까?'

그러다가 문득 '워킹홀리데이(Working holiday)'라는 제도를 알게 되었습니다.

'와! 돈을 벌면서 해외 경험까지 할 수 있다니! 워킹홀리데이를 가야겠어!' 그렇게 저는 21살의 어느 봄날, 워킹홀리데이를 떠나기로 결정합니다.

워킹홀리데이란?

워킹홀리데이는 협정 체결 국가의 청년(대체로 만 18~30세)들에게 상대 국가에서 체류하면서 관광, 취업, 어학연수 등을 병행하며 현지의 문화와 생활을 경험할 수 있게 하는 제도랍니다.

워킹홀리데이 협정 체결 국가 및 지역은?

우리나라는 현재 23개 국가 및 지역과 워킹홀리데이 협정 및 1개 국가와 청년교류제도(YMS) 협정을 체결하고 있는데요. 영어권으로는 호주, 캐나다, 뉴질랜드, 아일랜드, 영국(YMS) 등이 있어요.

워킹홀리데이 비자는 어떻게 준비해야 하나요?

워킹홀리데이를 떠나기 위해서는 해당 대사관이나 총영사관 또는 이민국 등에서 워킹홀리데이 비자를 신청하셔야 하는데요. 이 비자는 해당 국가 및 지역에 체류하는 동안 여행과 일을 할 수 있는 '관광취업비자'로서 현지에서 관광 경비 조달을 위해 합법적으로 임시 취업을 할 수 있도록 허용하는 비자랍니다. 체결 국가 및 지역별로 요구하는 비자 발급 소건, 구비 서류, 신청 기간 등이 각각 다르기 때문에 국가 및 지역을 선택한 후 해당 국가 및 지역에 대한 비자 정보를 꼼꼼히 살펴봐야 해요!

*출처 | 외교부 워킹홀리데이 인포센터

가서 돈을 벌 수 있다고는 하지만, 적어도 비행기표와 정착을 위한 최소한의 비용이 필요했기 때문에 워킹홀리데이를 떠나기로 결정한 그때부터 과외를 하면서 열심히 돈을 마련했습니다. 당시 살고 있던 곳이 개포동에 위치한 '충북학사'라는 곳이었는데, 동네 학부모들이 학사로 전화를 걸어서 과외 선생님을 구하곤 했어요. 운 좋게 개포동, 대치동에서 몇몇 학생들을 가르치게 되었지만, 당시를 돌이켜 보면 누군가를 가르칠 정도로 영어 실력이 충분하지는 않았습니다.

하지만 충분치 않다고 해서 포기할 수는 없었어요. 서점에서 가장 쉬운 영어 문법책을 사서 영어의 구조와 원리에 대해 차근차근 다시 공부해 나가기 시작했습니다. 중·고등학교 때 배운 입시 영어로는 초등학생도 가르칠 수 없을 정도로 영어 실력에 구멍이 많다는 걸 스스로가 알고 있었던 거죠. 어린 나이였지만 누군가의 선생님이 된다는 것에 대한 책임감은 그때나 지금이나 같았던 것 같습니다. 수업이 있기 전날, 매일 밤 독서실에 혼자 남아 문법책을 통째로 외웠습니다. 무식할 정도로, 연습 문제까지 달달 외워 그렇게 수업을 하고, 그렇게 수십 번을 반복하고 또 반복했습니다. 문법책의 목차부터 개념, 연습 문제까지 토씨 하나 빠뜨리지 않고 외우다 보니 한 권의 책이 머릿속에 들어왔습니다. 그때가 어쩌면 처음으로 영어 문법을 제대로 이해한 순간이 아니었나 싶어요. 학교에서 문법을 배울 땐, 현재완료의 계속적 용법을 배우다가 종이 치면 며칠 뒤에 다시 영어 선생님이 들어오셔서 현재완료의 완료 용법을 설명해 주시니 문법 학습의 연속성이 있을 수가 없었죠.

이 과정을 거치면서 깨달은 건 문법은 회화를 하는 데 도움이 된다는 사실과 성인 학습자는 이러한 문법적 지식을 활용해서 조금 더 효과적으로 영어에 접근할 수 있다는 것이었어요. 하지만 문법을 학습하는 방법에 있어서는 기존의 공교육 방식과는 조금 다른 생각을 갖고 있습니다.

머릿속에 잠들어 있는 문법 지식을 한 번에 끊김 없이 정리하는 과정이 꼭 필요하다고 생각해요. 이때 가장 도움이 되는 방법은 누군가를 '돈 받고' 가르친다는 마음으로 문법에 접근하는 것입니다. 누군가에게 돈을 받고 가르치려면 절대 허투루 할 수가 없습니다. 막중한 책임감이 생기죠. 그리고 누군가를 가르치기 위해서는 단순히 내가 암기하는 것에서 끝나는 것이 아니라 그 내용을 제대로 이해하는 과정이 꼭 필요합니다.

만약 돈을 받고 영어를 가르치기에는 실력이 부족하다고 생각된다면 주변에 영어를 막 배우기 시작한 친구나 동생, 지인들을 가르쳐 보세요. 실제로 제 학생 중에는 두 명의 동생을 둔 학생이 있습니다. 이 학생은 그날 배운 표현을 꼭 동생들에게 알려 주곤 했어요. 그래서인지 시간이 지나 같은 내용을 학생들에게 다시 물어보면, 그 학생이 다른 학생들보다 훨씬 더 많은 내용을 제대로 이해하고 기억하고 있었답니다.

실제로 이러한 학습 효과는 이미 과학적으로도 밝혀진 바(학습 피라미드, Learning Pyramid)가 있습니다. 주입식 교육으로 학습하게 될 경우 학습자의 기억률이 현저히 낮지만, 능동적으로 토의를 하거나 반복해서 연습하거나 누군가를 가르쳤을 경우 높은 기억률을 보인다는 것을 알 수 있죠.

또 다른 학생의 사례를 들어보겠습니다. 대학교 졸업반 학생이 저를 찾아와 영어를 잘하지는 못하지만 잘하고 싶고 좋아한다고 말했습니다. 이 학생은 누구보다 열심히 했고 다른 학생들의 거의 10배에 가까운 학습량을 묵묵히 소화했어요. 영어 공부를 미루고 변명을 찾는 것이 아니라 지나가듯이 한 말을 기억하고 있다가 그런 자료들까지 스스로 찾아서 조용히 공부하던 그런 학생이었죠. 이 학생에게도 마찬가지로 수업에서 듣고 배운 내용을 누군가에게 가르쳐 보라고 제안했습니다. 그 학생은 저의 조언을 듣고 적극적으로 스터디를 찾거나 무료로 영어 수업을 해 보려고 노력했답니다. 하지만 파주에 살고 있었던 터라 파주에서 그런 사람들을 찾기는 쉽지 않아 보였어요. 앞에서 잘 이끌어 주면 분명 잘 해낼 친구라고 믿었기 때문에 저는 제가 운영하는 수업 중 몇 개의 수업을 그 학생에게 맡겼습니다.

물론 스스로 스터디를 구해 영어를 가르쳤어도 발전이 있었겠지만 이 학생이 돈을 받고 누군가를 가르치는 순간 더 많은 책임감을 느끼고 실력을 100% 발휘할 것이라고 믿었기 때문이었죠. 예상대로 그 학생의 영어 실력은 빠르게 향상되었고, 영어를 '잘하고 싶다'는 바람에서 '영어를 제대로 하겠다'는 목표를 갖게 되었어요. 그 후 그 친구는 통번역대학원에 진학했고, 지금은 저와 함께 부스에서 국제회의 동시통역을 하는 파트너가 되었습니다.

저와 학생의 사례에서 알 수 있듯이 책임감을 느끼고 누군가를 가르친다면 반드시 스스로를 성장시킬 수 있다는 것을 기억하세요!

"Teaching is the best way to learn something!"
가르치는 것은 무언가를 배우는 가장 좋은 방법이다!

▲ 국제회의 동시통역 부스 안

▲ 어엿한 동시통역사가 된 제자의 모습

▲ 동시통역에 없어서는 안 될 나의 무기들

30만 원만 들고
떠난 호주행

2007년 6월,

드디어 호주행 비행기에 몸을 실었습니다.

'나 정말 잘할 수 있을까? 가서 뭐 해 먹고 살지?'

'잘할 수 있을 거야! 돌아올 때는 진짜 많은 것들이 달라져 있을 거야.'

두려움과 설렘을 간직한 채 뜬눈으로 열다섯 시간을 날아갔습니다. 머릿속이 온갖 걱정들과 잡념들로 가득 찰 때쯤 기내 방송이 흘러나왔습니다.

"The plane will be landing soon at the airport. Thank you for flying with Korean Air. We wish you a pleasant stay here in Sydney."

'와아아아! 내가 호주에 오다니!'

태어나서 처음 밟아 본 외국 땅에 흥분을 감출 수 없었습니다. 그러나 그 흥분도 잠시, 막상 공항에 도착하니 당장 예약해 놓은 숙소로 가는 일이 막막했습니다. 무작정 택시 승강장으로 가서 택시에 올라탔습니다. 한국에서도 버스를 타면 매번 잘못 타기 일쑤이니 비싸더라도 택시를 타자고 마음먹었던 거죠.

저의 시나리오대로라면 택시 기사가 분명 "Where would you like to go?"라고 물어봐야 하는데 웅얼거리면서 아주 빠른 속도로 "Where to?"라고 말하더군요.

'웨얼투? 응? 이게 무슨 말이지? 일단 where이라고 했으니까 어디 가냐고 하는 건가? 그럼, 이 숙소 가자고 어떻게 영어로 말하지? 으아아아! 머릿속이 뒤죽박죽이야!'

결국 목적지로 데려다 달라는 말을 영어로 하지 못하고 미리 뽑아 온 숙소 주소와 지도를 보여 주며 간신히 숙소에 도착할 수 있었어요. 그렇게 도착한 곳은 바로 시드니 킹스 크로스의 한 게스트 하우스였어요. 6인실을 예약했는데 숙소에 이미 도착한 외국 친구들로 방이 북적북적했답니다. 영어는 부족했지만 할 수 있는 가장 친절한 미소를 띠며 외국인 친구들에게 인사를 했죠.

"Hi, I am Julia. I am from Korea."

어수룩한 영어를 구사하는 절 아무도 관심 있게 봐 주지 않았어요. 일정이 있는지 간단한 인사만 나누고 모두 각자 할 일을 하느라 바쁜 모습이었죠. 그러다 저와 족히 열 살 이상은 차이가 나 보이는 프랑스 친구가 와서 제게 말을 걸었어요.

"나 오늘 저녁에 오페라 하우스에 가보려고 하는데 혹시 같이 갈래?"

"와! 너무 좋아. 나 오페라 하우스에 가보고 싶었는데 정말 잘됐다!"

낯선 땅에서 처음 만난 프랑스 친구와 오페라 하우스를 거닐며, 앞으로 호주에서 어떤 삶이 펼쳐질지 불안함과 기대감에 뒤섞인 채 시드니에서의 첫날밤이 지나갔습니다.

워킹홀리데이를 위한 A to Z!

☆ 워킹홀리데이 비자에는 어떤 규정이 있나요?

국가 및 지역	신청 기간	모집 인원	어학연수 제한 기간	취업 제한 기간
호주	상시 신청	제한 없음	4개월	협정상 규정 없음 (한 고용주 하 6개월)
캐나다	이민국 공지 확인	4,000명	6개월	협정상 규정 없음
영국(YMS)	국경청 공지 확인	1,000명	24개월	협정상 규정 없음
뉴질랜드	이민국 공지 확인	3,000명	6개월	협정상 규정 없음
아일랜드	대사관 공지 확인	600명	6개월	협정상 규정 없음

1. 워킹홀리데이 비자 체류 기간은 일반적으로 최대 1년입니다.

2. 특정 조건 만족 시, 호주(최대 2년, 총 3년) 및 뉴질랜드(3개월)는 워킹홀리데이 비자 연장 신청이 가능합니다.

3. 어학연수 및 취업 제한 기간은 해당 국가 규정에 따라 변경될 수 있습니다.

4. 어학연수 또는 취업은 본인의 목적과 계획에 따라 하거나 하지 않아도 됩니다 (선택 사항).

5. 호주는 한 고용주와 6개월까지 일할 수 있으나, 농업(agriculture)의 경우에는 한 고용주 밑에서 최대 12개월까지 근무가 가능합니다.

6. 영국은 YMS(청년교류제도) 비자로 최대 2년 동안 체류가 가능합니다.

☆ 워킹홀리데이 주의 사항에는 어떤 것들이 있나요?

1. 비자 체류 기간을 꼭 확인하세요! 체류 유효 기간이 만료된 이후 불법 체류에 주의해야 합니다.

2. 여권, 외국인 등록증, 체류 허가증, 신용카드 등의 분실로 인해서 개인 정보가 유출되지 않도록 주의가 필요합니다.

3. 현지 법령을 준수하고, 불법 행위는 하지 않아야 합니다.

4. 현지 또는 주변 국가 여행 시 감염병, 치안 상태 등 기본 정보를 미리 숙지해야 합니다.
   - 여행 경보 단계 확인(외교부 해외안전여행 www.0404.go.kr)
   - 지인에게 항공 일정, 여행 일정, 체류지, 연락처 등 공유

5. 가입한 보험 회사 연락처는 알아 두는 게 좋습니다.

6. 현지 우리나라 재외공관(대사관 또는 총영사관) 등 긴급 연락처를 숙지해야 합니다.
   - 외교부 영사 콜센터(연중무휴 24시간 상담 서비스 가능, +82-2-3210-0404)

☆ 일은 어떻게 구해야 하나요?

1. 원하는 기업의 채용 사이트와 구직 사이트를 자주 체크하여 온라인으로 먼저 지원한 다음, 프린트한 이력서를 가지고 직접 기업이나 가게로 찾아갑니다. (한국과 달리 오프라인으로 구인·구직이 활발한 편이라는 점을 숙지하세요.)

2. 이력서가 누락되는 경우가 있으므로 이력서 전달 시, 가능하면 바쁜 시간대를 피해서 매니저급에게 직접 전달하는 것이 좋습니다.

카페	오후 1시 이후부터 4시까지가 한가한 시간대(호주의 카페는 아침 시간이 바쁘므로 아침 시간을 피하는 것이 좋습니다.)
레스토랑	점심시간이 끝난 늦은 오후 시간대(식당은 점심시간이 가장 바쁜 시간대로 이 시간대는 피하는 것이 좋습니다.)
펍	오후 5~6시 사이에 막 오픈을 한 시간대(펍은 오픈 이후 늦은 저녁까지 바쁘기 때문에 오픈 무렵에 찾아가 얘기를 나누는 것이 좋습니다.)

보통 사장님과 면접을 보기보다는 매니저와 면접을 보는 경우가 많으므로 방문했을 때 매니저가 없고 직원만 있는 경우에는 이력서를 잘 전달해 달라고 친절하게 부탁하는 것이 좋습니다. "Do you mind if I ask you to pass my résumé to your manager?(혹시 제 이력서를 매니저에게 전달해 주실 수 있으신가요?)"라고 말해 보세요.

3. 한국에서 같은 업종에 종사한 경험이 있다면 구직에 도움이 되는 경우가 많지만, 같은 일을 했더라도 호주 내 경력과 동일하게 여기지 않는 경우도 있으므로 이 점을 염두에 두어야 합니다.

4. 사무직을 구할 수는 있지만, 워킹홀리데이 비자는 근무 기간에 제약이 있으므로 정규직은 사실상 불가능한 경우가 많습니다.

5. 농장 근무의 경우, 영어를 충분히 사용할 수 있는 환경이 아닐 수 있으니 신중하게 취업을 결정해야 합니다.

☆ 면접 꿀팁

1. 워킹홀리데이 비자를 가진 사람들은 서비스 직종에 근무하게 될 가능성이 높으므로 밝고 서비스 마인드가 있다는 인상을 주면 좋습니다. 고객에게 친근하게 다가갈 수 있다는 걸 어필해 보세요.

2. 이력서를 보고 괜찮다고 판단되면 Trial(정식 채용 전에 일을 시켜 보는 것)을 제안하는 경우가 많은데, 짧게는 30분 미만, 길게는 하루 정도 일을 시킵니다. Trial 때 적극적으로 열심히 하는 모습을 보이는 것이 중요합니다.
   - 고객을 응대할 때나 업무를 처리할 때는 웃는 얼굴로 대합니다.
   - 빠릿빠릿하게 움직여야 합니다.

3. 무조건 열심히 하겠다는 태도보다는 근무할 수 있는 시간과 그렇지 않은 시간을 분명히 전달하고, 책임감 있게 업무에 임하겠다는 의지를 보이는 것이 중요합니다.

☆ 숙소는 어떻게 구해야 하나요?

1. 도착 직후 첫 숙소 구하기

홈스테이의 경우는 1~2달 전에 미리 예약해 놓지만, 에어비앤비 같은 일반적인 숙소의 경우에는 출국일 기준 최소 1주 전까지만 예약하면 됩니다. 안정적인 워킹홀리데이를 준비하고 싶다면 숙소를 예약해 놓는 것도 좋은 방법입니다.

2. 살 집 구하기

원하는 동네를 몇 군데 고른 다음, 온라인으로 조건에 맞춰 검색한 후, 마음에 드는 집에 연락합니다. 집 방문 시에는 꼼꼼하게 점검하고 최종 후보 몇 군데를 추려서 살 집을 선택합니다. 집 계약 시에는 계약서를 꼼꼼하게 읽은 다음 집주인과 합의하여 신중하게 서명합니다.

- 셰어하우스는 구두 계약이 일반적이지만, 만일을 대비하여 계약서 작성을 추천합니다.

3. 집 잘 구하는 팁

체크 리스트를 미리 만들어서 원하는 내용들을 꼼꼼하게 체크하는 것이 좋습니다.

- 셰어하우스의 경우, 무료와 유료로 제공되는 항목들을 체크하고 계약해야 비용을 줄일 수 있습니다. 2주 단위로 집세를 납부하는 경우도 있으니 집세 납부 기간도 확인하세요!

4. 조심해야 할 사항

집을 나갈 때는 보통 한 달 전에 알려 주는 것이 좋으며, 입주 시와 동일한 상태로 만든 후 나가야 하므로 주의가 필요합니다. 가끔 의도적으로 보증금을 돌려주지 않기 위해 카펫 청소 비용 등을 청구하는 경우도 있으니 입주할 때 사진을 찍어 두면 좋습니다.

*출처 | 외교부 워킹홀리데이 인포센터

#5

단순하지만 중요한 깨달음
(feat. 내용어를 잡아라)

호주 정착 초기에 가장 당황했던 건, 원어민들이 한국에서 배웠던 영어와 전혀 다른 영어를 사용한다는 점이었어요. 그들이 하는 영어가 마치 외계어처럼 '휘리리리릭~' 하고 지나가는 느낌이었죠.

"휘리리릭~ 동사"   A b C 동사

"휘리리릭~ 명사"   A b C 명사

이런 식으로 제 귀에는 몇 개의 단어밖에 꽂히지 않았답니다. 원어민이 빠른 속도로 연음을 써 가면서 구렁이 담 넘는 듯한 소리로 영어를 하니 그 소리에 압도되어서 와르르 무너지고 말았죠. 나중에 깨달은 사실이지만 원어민들이 빠른 속도로 뭉쳐서 말하는 구간은 패턴이고, 정작 중요한 내용은 뒤에 말하는 딱딱 꽂아 주는 부분이었던 거예요. 사실 중요한 건 정확하게 딱딱 꽂아서 말해 주는데, 그 중요한 사실을 놓치고 영어가 안 들린다고 좌절했습니다. 그러던 어느 날 시드니 차이나타운의 한 식당에서 아주 중요한 깨달음을 얻게 됩니다.

매일 셰어하우스에서 주는 밥에 카레만 먹다가 오랜만에 하는 외식이라 기쁜 마음으로 음식이 나오길 기다리고 있었어요. 음식이 나오자 너무 흥분한 나머지 그만 젓가락을 바닥에 떨어뜨리고 말았죠.

'앗! 빨리 먹고 싶은데…. 젓가락 다시 달라고 하려면 영어로 말해야 하는데….' 이때부터 머리가 똑딱똑딱 돌아가기 시작했어요.

'Can I have more chopsticks? Can you give me chopsticks? 캐나이 해브…. 캔유김미….'

정작 필요한 건 젓가락인데 패턴을 그럴싸하게 발음해야 한다는 강박에 머릿속으로 한참 동안 발음을 생각하며 주방을 향해 걸어가고 있었어요. 언뜻 보기에도 정신없이 바빠 보이는 직원분께 소심하게 말을 걸었습니다.

"캐나이 해~브 모~얼…."

바빠 죽겠는데 앞에서 옹알이하듯이 답답하게 말하는 저를 보고 짜증이 났는지 그 직원분은 '바쁜데 저건 또 뭐야?' 하는 표정으로 절 노려봤습니다.

그 짧은 순간, 사태를 파악하고 그럴싸하게 말하는 건 포기한 채 "참스틱"이라고 큰 소리로 외쳤습니다. 그러자 신기하게도 새 젓가락이 제 손에 쥐어졌어요. 그때가 바로 영어에 대한 발상의 전환이 일어난 순간이었습니다. 뒤통수를 한 대 제대로 맞은 느낌이었죠.

'아, 영어로 말할 때는 중요한 부분만 세게 말해도 반은 먹고 들어가는 구나.'

한국에서는 문법을 정확하게 지킨 문장으로 말하는 것을 강조하지만 실제로 현지에서 원어민들이 대화하는 것을 잘 들어 보면, 생각보다 짧은 영어로 효율적인 영어를 구사한다는 것을 알 수 있습니다. 예를 들어 식당에서 종업원이 주문받고 나서 "좀 더 주문하실 게 있나요?"라고 물어볼 때 "Would you like anything else?"라고 길게 말하기보다는 "Anything else?"라고 간결하고 짧게 말하는 경우가 많아요. 식당에 예약하는 상황을 생각해 볼까요?

A "I'd like to make a reservation for a window seat at 7 p.m. this Saturday."
이번 주 토요일 오후 7시에 창가 자리로 예약하고 싶습니다.

B "How many people would you like to reserve?"
→ "How many?" 또는 "For how many people?"
몇 분으로 예약해 드릴까요?

A "I'd like to make a reservation for two."
→ "For two, please."
두 사람이요.

위의 대화에서처럼 현지에서는 대화의 효율성을 위해 필요한 말만 간단하게 전달하는 경우가 훨씬 많답니다.

영어에는 기능어와 내용어라는 개념이 있어요. 기능어는 대명사, 관사,

전치사, be동사, 조동사와 같이 문장에서 중요한 역할을 하지 않고 내용어를 돕는 기능적인 역할만 하는 단어예요. 정말 중요한 역할은 내용어가 하는데, 내용어는 동사, 형용사, 명사, 부사와 같이 문장에 있어서 핵심적인 역할을 하는 중요한 단어를 의미하죠.

우리를 혼란스럽게 하는, 빠르게 지나가는 외계어는 바로 이 기능어들이 뭉쳐졌을 때 나는 소리고, 내 귀에 딱딱 꽂히는 소리가 바로 내용어랍니다(내용어와 기능어에 대해서는 챕터2 2장 '내 귀에 몰드' 편에서 좀 더 자세히 다루도록 하겠습니다).

영어로 말할 때 우리는 그럴싸한 문장을 만드는 데 너무 꽂혀서 정작 중요한 동사나 명사가 나올 때 그 부분을 세게 정확하게 전달하지 못하는 경향이 있어요. 저의 중국집 젓가락 사건을 떠올리면서 '아, 영어는 내가 중요하게 생각하는 것을 세게, 정확하게 전달해야 하는 거구나.'라는 깨달음을 얻으시길 바랄게요.

#6

선생님은 학교에서만
만날 수 있다?

주머니에 단돈 30만 원만 들고 간 호주.

셰어하우스 보증금을 내고 나니 수중엔 당장 밥 한 그릇 사 먹을 돈조차 없었습니다. 영어를 배우려고 이곳에 왔는데 막상 영어를 어디서, 어떻게, 무슨 돈으로 배울지 참 막막하더라고요.

호주에 도착한 다음 날부터 이력서를 수백 장 돌려 가며 일자리를 구하기 시작했고, 운 좋게 하버 브리지 근처의 한국 식당에서 웨이트리스로 일을 시작하게 되었어요. 하지만 매주 받는 주급으로는 어학원은 꿈도 꾸지 못할 정도로 어학원 비용이 부담스러웠답니다.

그래도 어학원이 어떤 곳인지 궁금해서 찾아가 시범 수업을 들어 보았어요. 선생님께서 오늘 배울 주제는 '전화 영어'라고 하시고는 칠판 한가득 전화할 때 쓰는 영어 표현들을 적어 내려갔습니다. 교실에 앉아 있던 학생들은 칠판을 보며 선생님이 말하는 대로 따라 읽기 시작했죠. "Hello. This is Julia. blah~ blah~"

그때 저는 깨달았습니다. '아, 영어는 직접 부딪쳐야 하는 거구나. 호주까지 와서 이렇게 또 성냥갑 같은 공간에서 주입식 교육을 들으니, 아무데나 내가 직접 전화를 걸어 보고 살아 있는 영어를 배워야겠다.'

그렇게 저는 그 후로 예약하지 않을 건데도 굳이 식당이나 호텔에 전화를 해서 예약을 하고 취소도 해 보았습니다. 약국, 슈퍼마켓, 우체국, 경찰서 가릴 것 없이 현지에서 온몸으로 부딪히며 영어를 익힌 것이죠. 이 방식이 흔히 요즘 말하는 '상황별 회화'였던 거예요.

그러나 영어 문장을 만드는 뼈대가 튼튼하지 않아서 단어만 계속해서 던지며 의사소통을 하는 제 자신을 발견하게 되었답니다. 그때 무언가 체계적으로 영어 회화를 공부하고 싶다고 생각하게 되었어요. 그래서 제가 선택한 방법은 '패턴 회화와 ≪Grammar in Use≫ 정독하기'였습니다. 매일 아침 출근길에 패턴 회화 mp3 파일을 들으면서 중얼거리며 걸었죠. 한 자라도 더 공부하고 싶은 마음에 이어폰을 꽂고 빗자루질을 하고 있는데 어느 날 사장님께서 제게 호통을 치며 말씀하셨어요.

"너 귓구멍에서 그거 안 빼냐!"

"사장님, 저 청소할 때만 이어폰 꽂고 청소하면 안 될까요? 영어 공부를 하고 싶은데 어학원 다닐 여유가 없어서 이렇게라도 영어를 들으면서 공부하고 싶어서요."

사정을 듣던 사장님께서는 간절한 저의 눈망울을 못내 귀찮아하시는 척

말씀하셨어요.

"그럼 딱 청소할 때만이다. 제대로 하는지 내가 지켜볼 거야."

퉁명스러운 사장님이셨지만 일을 시작한 지 얼마 되지 않아 제게 매니저 업무를 맡겨 주셨습니다. 덕분에 단순 서빙하는 업무에서 직원들 관리와 주류, 식자재 관리를 하는 업무로 바뀌면서 현지 업체들과 통화할 기회도 많아졌고, 더 자주 다양한 영어 환경에 노출될 수 있어서 좋았습니다.

그 당시 호주에서 APEC(Asia-Pacific Economic Cooperation, 아시아·태평양 경제협력체) 정상회의가 열려 장관, 외교부 고위급 실무자분들께서 제가 근무하던 식당을 방문하신 적이 있습니다. 그때 사장님께서 서빙을 하던 저를 갑자기 불러 세우시더니 외교부 직원분들께 저를 소개하셨어요.

"아주 똑똑하고 괜찮은 친구입니다. 나중에 크게 될 아이이니 잘 기억해 주세요."

항상 혼만 내셔서 저를 싫어하시는 줄 알았는데 그렇게 저를 소개해 주시는 사장님을 보며 '누가 보든 보지 않든 묵묵히 열심히 내 몫을 해내면, 반드시 사람들이 그 가치를 알아봐 주는구나' 하는 깨달음을 얻었습니다.

영어를 너무 배우고 싶어서 찾아간 호주였지만 가벼운 주머니 사정으로 원 없이 공부하지 못했던 저의 환경이 어쩌면 저를 더 많이 성장시킬 수 있었다는 걸 아주 오랜 시간이 지난 후에야 비로소 깨닫게 되었습니다. 일이 끝나고 남은 시간에는 그때 식당에서 같이 일하던 직원분께서 공유해 주신 《Grammar in Use》 강좌를 보며 공부했고, 그날 공부한 부분은 다음 날 식당 직원분께 알려드렸어요. 그렇게 학습하면서 가르치고 확실하게 내 것으로 만드는 과정을 거쳐 문법을 하나하나 익힐 수 있었습니다.

어느 정도 영어의 뼈대가 잡혔다고 생각하니 입이 근질근질해졌습니다. 과연 내가 알고 있는 지식으로 원어민과 대화가 가능한지 저 자신을 테스트하고 싶었죠. 식당에서 사용하는 회화에는 한계가 있기 때문에 정말 살아 있는 영어를 익히고 싶었습니다. 그런 고민을 하면서 지내던 어느 날, 매일 지나가던 시청역에서 제 눈에 들어온 한 사람이 있었어요. 행색은 누추해 보였지만 왠지 제 말을 잘 들어 줄 것 같은 그런 사람이었죠. 용기를 내서 다가가 인사를 건넸습니다.

"안녕? 나는 줄리아라고 해. 사실 매일 이곳을 지나다니면서 너를 봤어. 혹시 괜찮으면 잠깐 이야기해도 될까?"

그 친구의 이름은 샘이었고, 항상 오후 2~3시면 시청 벤치에 앉아 시간을 보낸다는 사실을 알게 되었습니다.

첫날은 그렇게 가볍게 스몰 토크(small talk)만 나눈 채 돌아갔어요. 외국인과 대화다운 대화를 제대로 처음 나누곤 어설펐지만 그래도 소통을 할 수 있다는 생각에 뛸 듯이 기뻤습니다.

'내일도 샘이 그 자리에 있을까? 혹시 있을 수도 있으니까 샌드위치를 싸서 가 볼까?'

설레는 마음으로 샌드위치를 준비하며 다음 날을 기다렸습니다. 아르바이트가 끝나고 돌아가는 길에 샌드위치가 담긴 봉지를 흔들며 샘을 만났던 벤치로 갔어요.

신기하게도 샘은 어제 만났던 그 장소에서 마치 집에 들어가지 않은 사람처럼 웃으면서 저를 향해 손을 흔들고 있었습니다.

"Hi Julia. It's good to see you again!"

그렇게 샘과 저는 친구가 되었습니다.

어떤 날에는 영자 신문을 가져가서 함께 읽기도 하고, 읽고 싶었던 영어 소설을 샘과 함께 읽기도 했습니다. 어설프게 만든 샌드위치 하나도 항상 고마워하며 맛있게 먹어 주던 샘.

나중에 안 사실이지만 샘은 사실 홈리스(homeless, 노숙자)였습니다. 한쪽 귀가 들리지 않는 장애를 가지고 있었지만 샘은 누구보다도 good listener였어요. 서툰 제 영어를 포기하지 않고 끝까지 들어 주던, 누구보다 배려심 많고 따뜻한 친구였죠.

만약 제가 샘의 행색을 보고 그에게 다가가 인사하기를 꺼렸다면 아마 저는 세상 최고의 선생님을 눈앞에서 놓쳤을 거예요. 샘을 만난 경험을 통해 세상엔 제게 새로운 것들을 가르쳐 줄 선생님들로 넘쳐난다는 사실을 깨닫게 되었습니다. 비단 사람뿐만 아니라 길거리의 표지판, 파스타 양념통의 성분표, 공과금 명세서도 모두 좋은 선생님이 될 수 있다는 사실을 말이죠.

배움은 학교, 학원에서만 얻을 수 있는 게 아니에요. 눈을 크게 뜨고 주변을 둘러보세요. 귀를 쫑긋 세우고 세상이 내게 들려주려는 소리에 귀를 기울여 보세요.

세상은 언제나 여러분에게 가르침을 주기 위해 기다리고 있습니다. 다만 그 소리를 듣는 건 여러분의 마음가짐에 달려 있어요. '두려움'이라는 알을 깨고 나오는 순간, 온 우주가 당신을 도울 겁니다. 세상 모든 이에게서 배울 점을 찾고자 한다면 세상은 이미 당신에게 가장 큰 도서관이 되어 있을 거예요.

#7

교과서, 사전 밖
'원어민이 쓰는 진짜 영어'

어느 날 시드니 시티 길거리를 걷던 중 전단지 한 장을 발견하게 됩니다.

"무료 영어 학교"

교회에서 진행되는 무료 영어 수업 전단지였습니다. 저는 무교지만 영어를 무료로 배울 수 있다는 문구에, 홀린 사람처럼 그곳을 찾아갔습니다. 주말마다 무료 영어 학교가 열리는 바로 그 교회를 말이에요.

대부분 동양인으로 보이는 사람들이 미리 와서 앉아 있었고, 모두들 저처럼 영어를 배울 수 있다는 희망으로 잔뜩 기대에 찬 모습이었습니다.

첫 번째 수업 시간에 배운 표현은 '침착해'였어요.

'침착해? 어? 생각보다 너무 쉬운 거 아닌가? Calm down! 후훗, 이건 내가 알고 있는 표현이야.' '침착해'는 'Calm down'이라고 확신하며 선생님을 향해 '내가 알아요!'라고 초롱초롱한 눈망울로 열심히 신호를 보냈습니다. 그런데 선생님께서 칠판에 쓴 영어는 제가 생각했던 표현과는 전혀 달랐습니다.

"Take a chill pill!"

'읭? 알약? 알약을 먹으라고? '침착해'에 해당하는 영어가 'Take a chill pill'이라고?' 알고 보니 'chill pill'은 '진정제'였고, 진정제를 먹으라는 것은 곧 '너 약 먹을 때 됐어'라는 표현으로 '약 먹고 진정해'를 뜻하는 것이었어요.

저는 이 수업을 듣고 그동안 제가 배운 영어가 교과서 안에 갇혀 있는 영어였다는 사실을 깨닫게 되었답니다. 그동안의 영어는 단순히 한국어 어순에 맞게, 대응되는 단어를 갈아 끼우기만 하는 영어였던 거예요.

외우는 게 아니라 이해하면서 영어를 공부하니 영어가 더 재미있어졌습니다. 원어민들의 문화와 관점을 이해하려고 노력하자 그동안 이해되지 않았던 꼬인 실타래들이 하나둘씩 풀리는 것 같았습니다. 원어민들이 약속을 미룰 때 학교에서 배운 'delay, postpone'을 쓰지 않고 자꾸 무슨 'rain check'이라는 용어를 사용했는데, 저는 그때 밖에 비가 오니 확인해 보라는 건 줄 알고 '비도 안 오는데 무슨 소리지?' 하고 어리둥절했습니다.

알고 보니 'Take a rain check'이 '약속을 미루다'라는 의미로 사용된다는 것을 알게 되었어요. 요즘처럼 화려한 돔 구장이 없던 옛날에는 모두 야외 야구장이라서 야구 경기를 보러 갔는데 비가 오면 꼼짝없이 경기를 연기할 수밖에 없었죠. 경기를 볼 수 없게 되자 경기장 측에서 비가 와서 (rain) 경기를 관람하지 못했으니 수표(check)를 써 주어 다음에 경기를 다시 관람할 수 있게 해 주었다는 이야기에서 rain check이 유래되었답니다.

결국 사전의 단어를 갈아 끼우는 영어를 해서는 정확하고 깊이 있는 의사소통이 어렵다는 사실을 깨닫게 되었어요. 이 경험을 계기로 언어를 하나의 문화 범주로 받아들이고 단순히 암기가 아닌 문화부터 이해해야 한다는 깨달음을 얻게 되었습니다.

영어다운 영어를 하는 방법!

• **Calm down.** 침착해, 진정해.
   └ **Take a chill pill.** 진정제를 먹어. → 진정 좀 해.
   └ **Hold your horses.** 말들을 잘 잡고 있어. → 진정 좀 해, 일단 좀 가라앉히고 생각해 보자.
    (흥분한 말들의 고삐를 잡고 있는 모습을 상상해 보세요.)

• **delay** 미루다
   └ **Take a rain check.** 우천 시 발행되는 수표를 가져가세요. → 미뤄도 될까?
    (무언가를 미룰 때, 우리는 흔히 'delay'라는 단어를 떠올리지만 원어민이 더 자주 사용하는 표현은 따로 있어요. 우천 시에 경기가 취소되어 경기장 측에서 수표를 발행하면서 경기를 미루는 것에서 유래되었죠.)
   └ **put off** 미루다
    (원어민들은 이렇게 덩어리 형태의 동사인 구동사를 자주 사용해요.)

8

귀가 뚫리던 순간

영어 공부를 처음 시작할 때 귀가 뚫려야 한다는 소리를 많이 들었지만 귀가 뚫린다는 게 정확히 어떤 의미인지 알 수 없었습니다. '정말로 원어민들이 하는 말이 모국어처럼 모두 듣고 이해가 되는 건가? 귀가 뚫리면 얼마나 좋을까?'

그런 막연한 기대를 하고 처음에는 무식하게 영어를 많이 들었습니다. 아침에 눈을 뜨자마자 영어 라디오를 듣고, 핸드폰으로 미드를 틀어 놓고 샤워하기도 했어요. 이동할 때도 영어 라디오를 듣든 연설문을 듣든, 하루 종일 영어에 귀를 노출하려고 최대한 노력했죠.

'하루 24시간을 영어만 듣는데 귀가 안 뚫리고 배기겠어?'

그런 안일한 마음으로 처음에는 무작정 영어에 귀를 노출하는 시간만 늘렸습니다. 하지만 그렇게 하루 종일 영어를 들어도 귀는 좀처럼 뚫리지 않았고 여전히 원어민의 영어는 외계어처럼 들렸어요.

'문제가 뭘까?'

그날도 여느 날과 다를 것 없이 책상에 앉아 리포트를 쓰다가 지겨워져서 미드를 켜 놓고 보고 있었습니다. 마침 옆에 연습장이 하나 놓여 있길래 미드를 보면서 끄적끄적 미드에 나오는 대사와 단어들을 적어 내려갔습니다. 신기하게도 그렇게 본 미드는 아무 생각 없이 본 미드보다 훨씬 더 기억에 잘 남았어요.

그때 깨달았죠. '의식적으로 들은 것만 비로소 내 것으로 만들 수 있구나.' 의식 없이 단순히 귀만 노출한다고 해서 절대로 다 들리는 건 아니었어요. 의식적으로 학습하고 들은 걸 내 입으로 수없이 반복해야지만 결국 다음번에 똑같은 내용을 들었을 때 그 내용이 들린답니다. 단기 기억을 이용해서 반복적으로 학습된 부분은 장기 기억 저장소로 옮겨지게 되고 이렇게 학습된 단어와 표현만이 결국 내가 필요할 때 불러올 수 있는 진정한 지식인 거죠.

의식적으로 학습을 하면서 듣는 청취와 그렇지 않은 청취는 그 효과가 확실히 다르답니다. 짧은 시간을 들어도 의식적으로 들으면 오히려 더 빨리 귀를 뚫을 수 있어요. 이 원리를 깨닫고 나서는 미드를 볼 때 누워서 보지 않고, 독서실 책상에 앉아 단어장을 앞에 두고 시청하기 시작했습니다. 이때 제가 절대 하지 않았던 것은 바로 '자막 보기'입니다. 자막을 봐야 한다, 보면 안 된다 등 의견이 분분한데요. 너무 기본이 없는 상태에서 미드를 보게 되면 금세 지치기 때문에 이러한 때에는 영어 자막을 켜고 보실 것을 추천드려요.

그래도 여전히 자막을 보지 않고 미드나 영화를 보는 걸 추천하는 이유는 시간이 좀 더 걸릴지 몰라도 자막 없이 보는 방법이 더 탄탄한 청취 실력을 길러줄 수 있기 때문이에요.

통역 이론 중에 'Gile's Effort Model($I = L+M+P+C$) 이론'이라는 게 있어요. 통역할 때 통역사의 뇌는 꽹장히 바쁘게 돌아갑니다. 듣는 동시에 기억하고 또 이 기억한 내용을 어떻게 'Target Language(도착어)'로 통역할지 output을 고민하며 이렇게 짧은 순간 안에 고민한 내용들을 조합하는 작업까지 통역사의 뇌는 쉴 새가 없어요. 통역사가 통역할 때는 아래의 네 가지의 영역 안에서 뇌를 효과적으로 사용하게 됩니다.

Gile's Effort Model
I(Interpretation) = L+M+P+C

1. Listening and Analysis Effort 청취 및 분석 노력
   연사의 발화를 듣고 분석하는 데 필요한 노력을 의미합니다.
2. Memory Effort 기억 노력
   청취 및 분석한 내용을 기억하는 노력을 의미합니다.

3. Production Effort 발화 노력
   출발어[1] 를 도착어[2] 의 구조에 맞게 메시지를 이해하고 재구성하는 단계의 노력을 의미합니다.
4. Coordination Effort 조합 노력
   청취, 기억, 발화의 세 가지 노력을 적절히 조합하고 배분하는 노력을 의미합니다.

통역사가 연사나 통역 주제에 대해 많은 정보를 알고 있고 미국식 영어를 구사한다고 가정했을 때, 통역사는 듣기에 많은 에너지를 쏟지 않고 상대적으로 퍼포먼스를 좀 더 세련되게 하는 데 에너지를 사용할 수 있습니다.

순차 통역을 하게 된다면 memory에 에너지를 덜 쏟기 때문에 listening이나 production에 더 많은 에너지를 쏟을 수 있어요. 하지만 통역사가 통역해야 하는 주제가 생소하고 연사가 인도 억양을 쓰는 등 통역사에게 익숙하지 않은 영어를 사용한다면 통역사는 listening에 상대적으로 더 많은 에너지를 할애할 것입니다.

통역사의 경우 제한된 시간 안에 한꺼번에 많은 정보를 다룬다는 차이점이 있지만 우리가 미드를 시청할 때도 머릿속에는 비슷한 현상이 일어나요. 자막을 켜고 미드를 시청하게 되면 본능적으로 눈이 자막을 향하게 되어 있습니다. 청취에만 집중하려고 해도 본능을 누르기란 쉽지 않죠.

---

1 출발어(Source Language): 번역 또는 통역될 원문의 언어
2 도착어(Target Language): 번역 또는 통역된 결과문의 언어
  영어-한국어로 통역을 한다면 출발어는 영어가 되고 도착어는 한국어가 됩니다.

그렇게 되면 자연스레 에너지가 분산되고 결과적으로 production(=미드를 통한 학습 결과)에 적은 에너지를 쏟기 때문에 자막을 통한 학습은 효과적이지 않습니다.

자막 없이 무작정 미드를 본다고 해서 귀가 자연스럽게 뚫리지는 않는다고 앞서 말씀드렸어요. 안 들리는 그 상황에서 좌절도 맛보고 '왜 안 들렸을까? 저 지렁이 같은 소리는 무슨 의미일까?' 고민하고 찾아보고 분석하는 과정에서 귀를 점점 더 정교하게 만들 수 있답니다. 다양한 콘텐츠에 귀를 노출하되, 그 소리를 절대 흘러가는 소리로 두지 마세요. 그렇게 귀를 노출하는 건 큰 의미가 없으니까요. 조금 독한 소리일지 모르겠지만 그럴 시간에 차라리 음악을 듣는 게 나을지도 몰라요.

청취의 잡식을 유지하되 들은 내용을 흘려보내지 말고 의식적으로 학습해 보세요. 그렇게 하면 들은 내용을 꼭 '내 것'으로 만들 수 있을 거예요.

이렇게 청취 실력을 향상시켰더라도 우리에게 남은 난제가 하나 더 있죠? 바로 '발음'일 텐데요. '단어 공부를 먼저 하는 게 좋을까, 문법 공부를 먼저 하는 게 좋을까?'라는 고민을 하는 초보 학습자를 자주 접하게 됩니다. 이 고민은 정말로 잘못된 길로 들어서는 것이니 꼭 이 두 가지의 옵션만 갖고 학습 방법을 선택하지는 않으셨으면 해요. 영어 회화를 가장 빠르게 향상시킬 수 있는 방법은 듣기와 말하기를 동시에 훈련하는 것이기 때문이죠.

듣기와 말하기, 즉 청취와 발음을 둘 다 잡으려면 어떻게 해야 할까요?

1. 실제 속도로 다양한 발음의 영어를 계속 들어라!

듣기의 관건은 다양한 영어를 계속 접하는 거예요. 학습용 영어처럼 알아듣기 쉽게 또박또박 천천히 발음하는 영어보다는 조금 빠르더라도 원어민의 실제 속도와 발음을 접할 수 있는 콘텐츠로 공부해야 합니다. 영어는 더 이상 미국이나 영국, 호주, 캐나다에만 국한된 언어가 아닌 전 세계인이 사용하는 언어이기 때문에 인도인이 사용하는 영어, 호주, 중국인이 사용하는 영어 등 여러 국가의 사람들이 사용하는 영어를 접해 볼 필요가 있답니다. 요즘은 유튜브 사용이 활발해서 찾아보면 각양각색의 영어 발음을 들을 수 있기 때문에 최대한 많은 유형의 영어에 노출되는 게 정말 중요해요. 이처럼 다양한 영어를 지속적으로 접하다 보면 굳이 영어 발음의 원리를 따지지 않더라도 어느 순간 영어 발음의 원리와 발음 규칙들을 이해하게 되거든요. 말의 흐름을 따라가면서 의미를 파악하는 것이 듣기의 관건이지만 이해가 되지 않는 소리가 있다면 같은 소리를 열 번이고 스무 번이고 반복적으로 듣는 것이 중요해요.

2. 반드시 입 밖으로 소리 내어 말하기를 반복한다!

듣기와 말하기는 서로 다른 스킬이에요. 물론 어느 정도 잘 들을 줄 알아야 발음도 좋아지고 발음할 줄 알아야 들리겠지만, 청취력이 좋다고 해서 발음이 좋다는 법은 없는 것처럼 발음이 좋다고 청취력이 좋은 건 아니랍니다. 말하기 능력뿐만 아니라 발음도 개선하기 위해서는 입 밖으로 소리 내서 연습하는 것이 필요해요. 눈으로 읽고 머리에 넣은 건 완전히 내 것이 되었다고 볼 수 없습니다. 반드시 입을 통해 반복적으로 소리를 내서 연습해야만 온전히 내 것으로 만들 수 있습니다.

듣기, 발음 Q&A!

Q1. 섀도잉(shadowing)하면 영어가 늘까요?

듣기와 말하기를 동시에 훈련하는 방법으로 섀도잉을 사용하는 분들이 많습니다. 섀도잉은 귀와 입을 동시에 사용하는 방법이지만 영어를 처음 접한 초보자에게는 적합하지 않아요. 섀도잉은 원래 동시 통역사들의 훈련법으로 처음 생겨난 것입니다. 통역사들이 영어 실력을 기르기 위해 섀도잉 훈련을 한다기보다는 말이 빠른 연사를 만나게 되었을 때 연사의 말을 빠르게 이해하고 전달하기 위해 이런 섀도잉 훈련 방법을 사용한 것이죠. 기초가 너무 없는 상태에서 섀도잉을 하면 에너지와 시간을 낭비하게 될 수 있어요.

쉬운 예를 들어, 외국인이 한국에서 인기 있었던 드라마 중 남한 여자와 북한 남자의 사랑을 다룬 드라마를 섀도잉한다고 가정해 보겠습니다.
"썩어빠질 에미나이 후라이 까지 마라."
이 문장을 외국인이 계속해서 따라 말한다고 생각해 보세요. '섀도잉이 영어 공부에 도움이 될까?'에 대한 대답은 아마 '학습자의 실력에 따라 도움이 될 수도 있고 되지 않을 수도 있다'가 될 거예요.
섀도잉하는 콘텐츠가 일반적인 내용을 다루고 있다면 섀도잉은 분명 도움이 될 거예요. 하지만 투자하는 시간과 에너지 대비 효과는 크지 않을 거라는 게 저의 솔직한 생각입니다.

Q2. 유창하게 보이려고 r, l 발음을 쓰려고 했는데 사람들이 이상하게 볼 것 같아요. 발음에 자신이 없어서 영어로 입을 떼는 게 어려워요. 유창한 발음을 구사하고 싶은데 어떻게 해야 할까요?

유독 한국에서는 "쟤 발음 굴리네."라는 말을 많이 듣는 것 같습니다. 저 역시도 20대 때 입시 강사 시절, 학생들이 "줄리아 선생님은 왜 발음 굴려요?"라고 짓궂게 말하는 친구들이 있었습니다. 그럴 때마다 전 학생들에게 이렇게 말해 주었어요. "발음을 굴리는 게 아니라 원래 이런 소리란다. 원어민이 하는 것처럼 발음해야 원어민들도 제대로 알아듣고 소통을 할 수 있는 거야. 영어를 한국어 하는 것처럼 소리를 낸다면 어떨까?" 물론 영어의 소리 체계를 무시한 채 강세, 억양을 전혀 다르게 하고, 단어 하나하나를 과장되게 발음하는 것은 그다지 효과적이진 않을 수 있습니다. 단어 하나하나가 가지는 소리보다는 문장이 유기적으로 연결되면서 나는 소리에 집중하고 그 발음을 많이 소리 내서 연습하여 자연스럽게 영어의 소리를 습득하는 것이 중요합니다.

한국인 중 유독 영어가 완벽하지 않아서, 발음에 자신이 없어서 아예 영어를 내뱉지 않으려는 분을 많이 보았습니다. 발을 굴리지 않으면 자전거가 앞으로 나아가지 않는 원리처럼 영어 말하기도 동일합니다. 어색한 발음이어도 최대한 정확하게 원어민들이 내는 소리를 따라 한다고 생각하면서 더듬더듬 말하다 보면 조금씩 느는 게 영어 말하기입니다. 사람들의 시선이 두려워서 대충 얼버무리면서 영어로 발음하는 습관은 처음부터 가지지 않는 것이 좋습니다. 느리더라도 표현하고자 하는 말을 영어로 차근차근 발음하다 보면 사람들도 자연스럽게 당신의 영어 내공을 알아차릴 수 있습니다. 발음을 굴리는 척만 하는 것인지 아니면 영어의 소리를 이해하고 제대로 내는 것인지를 말이죠.

9

한국에서 24시간 영어 환경 만들기

호주로 워킹홀리데이를 떠날 때 1년 비자를 받고 갔지만 호주 생활 5개월째가 됐을 때 이런 결론에 도달했습니다.

'꼭 해외에 있다고 해서 영어가 느는 게 아니구나.'

시드니에서 제가 살던 집 호스트는 한국 커플이었습니다. 어느 날 일을 마치고 집으로 돌아가는데 이웃집에 사시는 호주 할머니께서 씩씩거리시면서 저희 집을 향해 걸어오고 계셨어요. 단단히 화가 나신 모양이었습니다. 알고 보니 저희 집 우편물이 자꾸 그 할머니 댁의 우편함으로 가서 매번 우편물을 가져다주는 게 여간 번거로운 일이 아니셨나 봅니다. 화가 잔뜩 나신 할머니는 불만을 쏟아 내기 시작하셨습니다.

"Do you know how many times I have brought the mails to this house? I don't think you understand how annoying it is."

할머니가 쏟아 내시는 속사포 랩 같은 영어에 당황한 집주인 언니는 한 마디도 하지 못한 채 현관 앞에서 얼어붙어 있었어요. 영어를 다 알아듣지는 못하지만, 분위기상 할머니가 단단히 화가 나신 것만은 확실히 느낄 수 있었으니까요. 주인집 언니가 꿀 먹은 벙어리처럼 아무 말도 못 하고 있자 할머니는 이렇게 얘기해봤자 어차피 알아듣지도 못할 거라는 생각을 하신 것 같았어요. 단념하신 듯한 표정으로 혀를 끌끌 차시며 시야에서 멀어지셨거든요. 그 순간 저는 머리를 한 대 얻어맞은 듯한 충격을 받았습니다. 불같이 화난 할머니의 모습 때문이 아닌, 해외에서 7년이나 살았는데 말한마디 하지 못하고, 문제가 무엇인지조차 알아듣지 못하는 주인 언니의 모습을 보고 말이죠.

생각해 보니 집주인 언니는 낮에는 보통 한국 라디오를 들으면서 집안일을 하고 한인 식당에서 사 온 재료로 한국 음식을 먹으며 저녁엔 한국 드라마를 보면서 대부분의 시간을 보내고 있었어요. 함께 카페나 식당을 가서도 항상 주문할 때만 되면 집주인 커플은 저를 빤히 쳐다보며 주문을 하라는 눈빛을 보냈죠. 그때는 '이상하다. 그냥 귀찮으셔서 날 시키는 건가?'라고만 생각했었답니다.

우리가 흔히 하는 착각 중의 하나가 '해외에 나가면 무조건 영어가 는다'라는 생각입니다. 하지만 해외에서 10년, 20년을 살아도 노력하지 않으면 영어로 단 한마디를 내뱉기가 힘들어요. 이 말은 즉, 한국에서도 충분히 영어 회화를 할 수 있다는 방증이에요. 이웃집 할머니 일화를 통해 인사이트(insight, 통찰력)를 얻은 저는 예정된 1년을 다 채우지 않고 한국으로 귀국했습니다. 그리고 한국으로 돌아오면서 한 가지 다짐을 했죠.

'한국에서 24시간 영어 환경을 만들자!'

한국에 도착해서 가장 먼저 제가 한 일은 무역 회사에서의 아르바이트였습니다. 무역 회사에서 일하면 왠지 영어를 많이 쓸 수 있을 것 같다는 단순한 생각에서였어요. 직원은 단 두 명인 아주 작은 무역 회사, 그게 저의 첫 사회생활이었어요.

저는 아직도 첫 출근 날을 잊지 못합니다. 영어가 가능한 직원이 생기자 사장님은 기다렸다는 듯 제게 일감을 한 아름 안겨 주셨기 때문이죠. 출근하자마자 영어 이메일에, 전화 통화에, 바이어 상담까지…. 학생 시절에는 느껴 보지 못한 차원이 다른 압박감이 저를 짓눌렀습니다.

'내가 너무 자신만만하게 도전한 건가. 아직 능력도 안 되는데 덜컥 할 수 있다고 했으니…. 사장님은 내가 정말 영어를 잘하는 줄 알고 계속 시키실 텐데 어떻게 하지….'

잘할 수 있다고 면접 때 그렇게 큰소리를 쳤는데 며칠도 못 버티고 나간다는 게 너무 창피했습니다. 그래서 매일 퇴근 시간이 한참 지난 후에도 사무실에 남아 전화 시 사용할 수 있는 표현부터 이메일 표현까지 하나하나 찾아 가며 공부하기 시작했어요. 시차 때문도 있었지만, 직원분들이 있을 때 영어로 통화하게 되면 더 긴장되는 것 같아서 모두 퇴근한 늦은 저녁 시간에 해외 거래처로 전화를 걸어 떠듬떠듬 통화를 하기도 했었죠. 하지만 아르바이트로 들어간 자리였고, 곧 복학을 해야 했기 때문에 사장님께 곧 복학해야 해서 일을 그만두겠다고 말씀드렸습니다.

"사장님 저 복학을 하게 돼서 일을 그만둬야 할 것 같아요."
"그래? 그럼, 학교도 다니고 일도 같이 하는 방향은 어때? 아침 일찍 출근해서 4시 전에 퇴근하면 학교생활도 병행할 수 있지 않을까?"
감사하게도 사장님께서는 근무 시간을 조정해 주시고 정식 직원으로 저를 채용하셨습니다.

지금 돌이켜 보면 저의 영어 실력을 드라마틱하게 끌어올린 시기가 아마 이 시기가 아니었을까 생각해요. 누군가가 나에게 돈을 준다는 것은 실로 엄청난 책임감을 느끼게 하는 일이었거든요. 저는 제 학생들에게도 종종 이런 말을 합니다. 영어 실력을 정말 단기간에 드라마틱하게 향상시키고 싶다면 누군가에게 돈을 받고 일해 보라고 말이죠. 단순히 영어를 학습하고 사용하는 부담감과 누군가에게 돈을 받고 영어를 사용한다는 건 엄청난 차이가 있습니다. 물론 너무 준비가 안 된 상태에서 누군가에게 돈을 받고 영어를 사용해 돈을 벌라는 것이 아닙니다. 하지만 어느 정도 할 수 있다는 자신감이 생겼을 때는 꼭 이 방법을 통해 영어 실력을 끌어올려 보라고 권해드리고 싶습니다.

그렇게 저는 아침부터 오후까지는 회사에 다니고 저녁부터는 학교에서 수업을 들으며 대학 3, 4학년 시절을 보내게 됩니다. 학교 수업에 직장 생활까지 고단했지만, 졸업 전까지는 무조건 영어를 잘해야 한다는 생각이 있었어요. 그런 압박 때문에 힘들기도 했지만, 영어에 더 노출되려고 노력했습니다. 그렇게 시작한 것이 바로 새벽 영어 스터디였어요.

제가 참여했던 스터디는 매일 이른 아침 모여서 브라이언 트레이시(Brian Tracy)의 성공학 강연과 미드, 영화를 따라 말해 보는 스터디로, 말 그대로 원어민의 말을 토씨 하나 틀리지 않고 외워 똑같이 따라 말하는 방식이었습니다. 이때 연사를 똑같이 따라 하면서 영어뿐만 아니라 연사의 제스처, 감정, 표정까지 똑같이 따라 하는 훈련을 했죠. 하물며 영화에 등장하는 강아지 짖는 소리까지 따라 했을 정도니까요. 이 과정을 통해 영어를 '단순한 의사 전달의 도구'에서 '하나의 종합 예술'로 받아들이게 되었습니다. 일종의 인식의 전환이었죠.

그리고 양질의 콘텐츠는 영어뿐만 아니라 인생을 변화시킬 수 있다는 사실도 깨닫게 되었어요. 그때 당시 공부한 브라이언 트레이시의 성공학 강연은 지금 들어도 마음의 울림을 주는 명강연입니다. 브라이언 트레이시의 강연을 매일 2분 단위로 끊어서 받아쓰기를 하고 외운 후, 스터디에서는 외운 내용을 스터디원들 앞에서 직접 강연했어요. 이때 녹화도 했었는데 처음에는 너무 부끄러워서 쥐구멍에라도 숨고 싶은 심정이었지만, 녹화된 모습을 보며 제 자신을 객관적으로 모니터링하고 평가할 수 있었습니다.

이 학습법은 지금까지도 제가 학생들을 가르칠 때 사용하는 방법이에요. 청취와 회화, 퍼블릭 스피치(public speech, 공개 연설)를 동시에 배울 수 있는 효과적인 학습 방법이라는 걸 체득했기 때문이죠. 어느 정도 영어의 기본 골격(문법+패턴)을 알고 있다면 그다음 단계로 추천하는 게 이렇게 하나의 연설문, 또는 영화, 미드 대사를 받아쓰고 그 대사를 암기한 다음 자신의 입으로 말해 보는 방법입니다. 이 과정을 거치면 어렵게 음성학을 공부하지 않아도 소리의 원리를 자연스럽게 이해할 수 있어요.

지금까지 알려드린, 20세부터 23세까지 3년 동안 집중적으로 영어에 몰입하면서 사용했던 제 학습 방법들을 아래와 같이 정리해 보았습니다.

〈갱미몬의 20대 초반 영어 학습 노하우〉

20~21세(1년 차)
- 쉬운 문법책 + 미드 + 중·고등학생 과외
  ㄴ 중학생 영문법 교재 한 권 가볍게 학습
  ㄴ 미드 <섹스 앤 더 시티> 매일 시청(기초가 많이 부족할 시, 자막과 함께)

21~22세(2년 차)
- 패턴 회화 + 미드 + 회화 연습 + 《Grammar in Use》
  ㄴ 패턴 회화 MP3 파일과 도서로 공부
  ㄴ 미드 <섹스 앤 더 시티> 매일 시청(자막 없이)
  ㄴ 무료 영어 회화 수업에서 원어민들과 영어로 말해 보기
  ㄴ 《Grammar in Use》 30회 정독

22~23세(3년 차)
- 이태원 아르바이트 및 무역 회사 근무 + 미드 + 아침 영어 스터디 + 《CNN》 월간지 구독 + <아리랑 뉴스> 시청
  ㄴ 학교 수업 후, 새벽 2시까지 이태원 아르바이트
    (원어민이 운영하는 레스토랑에서 외국인 손님을 접하면서 영어 환경에 최대한 노출)
  ㄴ 미드 <섹스 앤 더 시티> 매일 시청(자막 없이)
  ㄴ 아침 영어 회화 스터디 참여(Brian Tracy 성공학 강연 받아쓰기 후 셀프 녹음 + 영화 받아쓰기 후 셀프 녹음, 《CNN》 월간 구독지 및 <아리랑 뉴스>를 활용한 고급 표현 학습

통역사가 알려 주는 영어 공부 팁
회화 실력 끌어올리기

1. 한 놈만 패라!

하나만 주야장천 봐라. 일 년이건 십 년이건! 한 우물만 파면 반드시 들린다. 회화를 공부하는 데 가장 좋은 방법이 뭐냐고 물으면 가장 많이 듣게 되는 답변이 바로 '미드 보세요'일 거예요. 그만큼 가장 효과적으로 회화 실력을 향상시킬 수 있는 게 바로 '미드 보기'입니다. 하지만 미드를 '어떻게' 봐야 할지가 중요하겠죠? 회화에 도움이 되는 미드 활용 방법을 알려 드리겠습니다.

1-1. 미드 선정을 신중하게 하라! 일상 회화를 다룬 미드가 좋다!

추천 미드: 〈섹스 앤 더 시티〉, 〈오피스〉, 〈왓이프〉 등
비추천 미드: 〈왕좌의 게임〉, 〈워킹데드〉 등

우리가 일상생활 속에서 쓸 수 있는 대화를 다룬 미드가 가장 좋습니다. 특히, 시즌이 많은 미드가 좋아요. 〈프렌즈〉는 굉장히 오래된 미드이고 다소 촌스러움이 묻어나지만, 여전히 많은 사람들에게 영어 학습 영상으로 사랑받고 있죠. 저의 경우에는 〈섹스 앤 더 시티〉를 11년 동안 하루도 거르지 않고 봤습니다. 처음엔 공부로 생각해서 보다가 어느 순간 재밌어지고 이젠 그냥 습관적으로 보고 있어요. 이렇게 하다 보니 지금은 〈섹스 앤 더 시티〉의 여섯 개 시즌에 나오는 모든 대사를 다 외우게 되었습니다. 한 시즌에 약 20~30분 분량의 에피소드가 12~18개 정도 있으니 94개 정도의 에피소드 대사를 암기하게 된 셈이에요. 여러분께 말씀드리고 싶은 건 하나의 드라마를 신중하게 선택해서 정말 오랜 시간 그 드라마만 파 보라는 겁니다. 그럼 반드시 청취, 발음, 문법 이 모든 것들이 자연스레 교정되고 실력이 향상될 거예요.

1-2. 내가 드라마의 주인공이라고 생각하고, 주인공의 말투와 행동 하나하나를 따라 해보자!

저는 제가 캐리라고 생각하고 계속해서 캐리의 말투, 억양 등을 따라 했어

요. 스스로가 드라마, 영화의 주인공이라고 생각하면 배우의 대사에 더 이입된답니다. 단순히 관찰자의 입장에서 미드를 보는 것이 아니라 스스로를 주인공이라 생각하고 계속해서 웅얼웅얼 따라 하는 것이 회화 실력을 빨리 늘리는 데 정말 큰 도움이 돼요.

▲ 〈섹스 앤 더 시티〉 주인공들

2. 듣고, 받아 적고, 말해 보고, 녹음하라!

영화도 마찬가지입니다. 드라마처럼 하나의 영화를 완벽하게 파 보는 거예요. 저는 대학 시절에 매일 아침 영어 스터디를 했는데요. 그 스터디는 아주 단순하지만 엄청난 효과를 가져다 주었습니다. 스터디 참석 전에 정해진 영화를 2분 정도 끊어서 자막 없이 보면서 스스로 스크립트를 작성합니다. 매일 아침 모여 그 스크립트에 해당하는 장면을 같이 돌려 봅니다. 그리고 팀원들과 역할을 바꿔 가면서 계속해서 대화를 하는 거예요. 집에 돌아가서는 본인이 말해 본 스크립트를 녹음해서 올리고 녹음된 파일을 팀원들과 공유하는 거죠. 이 방법은 단순히 영화를 보고 흘려보내는 것이 아니라, 하나의 영화를 집중해서 파는 건데요. 여기에 듣고, 말하고, 교정하는 과정이 다 녹아 있어서 회화 실력 향상에 엄청난 도움이 된답니다.

2-1. 영어 공부를 함께할 파트너를 구하라!

이 방법으로 회화 실력을 체계적으로 늘리고 싶어 하는 친구나 파트너가 있으면 좋습니다. 요즘은 강남, 종로 같은 곳에서 대학생, 직장인이 모여서 스터디를 많이 하더라고요. 저는 이 방법을 강력히 추천합니다. 매일 혼자서 미드를 봐도 결국 누군가와 말을 해 보지 않으면 실력은 더디게 향상되기 때문이에요. 주변에 마음 맞는 분들과 영어 스터디를 만들어서 영어로 말할 기회를 늘려 보세요!

✚ 스터디 구하는 팁

'소모임'이라는 앱에서 지역별, 연령별, 레벨별로 다양한 영어 스터디를 할 수 있는 모임과 클래스들을 찾을 수 있어요. 영어 학원에 다니고 있다면 함께 공부하는 분들과 함께 수업 전이나 후에 스터디를 함께할 수 있고요. 스터디를 의무적으로 만들어 주는 학원도 있는데 스터디는 말 그대로 학습한 내용을 확인하고 좀 더 학습 시간을 가지기 위함이니 강제적인 것보다는 마음이 맞는 사람들과 함께 즐겁게 하는 것을 추천합니다. 비슷한 또래의 사람들이 모여서 공통의 관심사를 나누다 보면 좋은 친구도 얻을 수 있어요.

2-2. 영화 하나를 씹어 먹기!

앞서 언급했던 것처럼 영화를 단순히 보는 것에 그치지 않고 먹고 뜯고 맛보고 즐겨보는 겁니다. 제가 씹어 삼킨 영화 〈예스맨〉의 경우, 대사 중에 개가 짖는 장면이 나오거든요. 저는 영화에서 개가 나오면 개 짖는 소리까지 따라 했던 것 같아요.

영화를 2분씩 끊어서 듣기 → 딕테이션(받아쓰기) → 파트너와 함께 말해 보기 → 그날의 스크립트 녹음 및 공유하기

이렇게 하면 영화 한 편을 완벽히 소화하는 데 몇 달이라는 시간이 걸립니다. 그래도 저는 10편의 영화를 대충 보는 것보다 하나의 영화를 이런 식으로 자세히 즐기는 것이 훨씬 더 효과적인 방법이라고 생각해요.

3. '영감(inspiration)'과 '동기 부여(motivation)'가 가능한 영상을 보면 인생이 바뀐다!

대학교 때 했던 스터디가 제 인생을 정말 많이 바꿔 놓았어요. 영화를 공부했던 방식과 똑같이 훌륭한 강연가의 강연을 먼저 듣고 딕테이션한 후 말해 보고 녹음해 보는 과정으로 공부했습니다. 하지만 말씀드리고자 하는 포인트는 조금 다르답니다. 영어 실력을 늘리는 것에도 도움이 되고, 고급 어휘를 익히는 데에도 도움이 되지만 가장 중요한 건 훌륭한 강연 한 편을 통해서 인생을 바꾸고 가치관을 바꿀 수 있다는 것입니다.

저는 약 1시간 분량의 브라이언 트레이시의 성공학 강연을 듣고 공부했어요. 이 강연을 한국에서 들으려면 예전에는 6억 원에 달하는 강연비를 지불해야 했다고 해요. 지금은 유튜브로도 쉽게 검색이 될 텐데요. 이 강연 안에는 정말 우리가 인생을 어떻게 대해야 하고 어떻게 하면 성공적인 방향으로 인생을 만들어 나갈 수 있는지에 대한 이야기가 나옵니다. 뻔하다고 생각할 수 있는 내용이지만 강연을 듣고 '실천'을 하게 만드는 힘을 가진 강연이랍니다. 아직 안 보신 분들이 있다면 정말 꼭 추천하고 싶어요!

▲ 브라이언 트레이시

　추천해 드린 세 가지 방법으로 회화 공부를 하시려면 상당히 오랜 시간이 걸릴 거예요. 이 방법을 꼭 똑같이 하실 필요는 없지만 비슷한 방법으로 '꾸준히'만 하신다면 분명 좋은 결과를 얻으실 수 있을 거예요.

　영어를 '공부'라고 생각하는 순간, 하기 싫어지는 것 같습니다. 영어는 그냥 인생을 좀 더 폭넓고 다양하게 살아가는 데 도움을 주는 수단이고, 수많은 언어 중 하나라고 받아들이면 마음에 여유가 더 생길 것 같아요. 다시 한번 말씀드리지만, 영어는 공부가 아니라 '습득'이랍니다. 책상에 앉아서 영어 문법책을 파는 것보다 매일 습관적으로 보는 미드 한 편이 오히려 영어를 더 빠르게 향상시키는 데 도움이 될 거예요.

10

해외 나갔다 오면
영어 잘할 수 있겠죠?

대학 시절, 주변에 어학연수를 다녀오지 않은 친구를 찾아보기 힘들 정도로 많은 동기들이 어학연수를 떠났습니다. 길게는 2년, 짧게는 6개월까지 대부분의 친구들이 해외 경험을 하고 돌아왔죠. 저는 어학연수라고 부르기도 민망할 정도로 5개월이라는 짧은 기간 동안 호주를 다녀왔어요.

그런데 참 재미난 사실이 어학연수를 길게 다녀온 친구가 짧은 기간 다녀온 친구보다 훨씬 영어를 잘할 것 같았지만 그렇지 않았습니다. 심지어 짧은 시간 어학연수를 다녀온 동기가 훨씬 더 실력이 나은 경우도 종종 볼 수 있었어요.

이러한 사실은 해외에 나간다고 해서 무조건 영어 실력이 보장된다는 것이 아니고, 나가지 않는다고 해서 영어를 꼭 못한다는 게 아니라는 것을 보여줍니다. 결국 영어 실력을 결정짓는 것은 '영어에 대한 꾸준한 관심과 노력'이겠죠!

물론 해외에서 태어났거나 어린 시절을 외국에서 보냈을 경우 눈에 띌 정도로 빠르게 영어 실력이 향상되는 것은 사실입니다. 하지만 결정적 시기(critical period)를 지난 후에 영어 학습을 시작하게 되면 환경보다도 본인의 의지가 훨씬 더 큰 작용을 하여 영어 실력이 결정됩니다!

막연히 '해외연수를 다녀오면 영어를 잘하겠지?'라는 생각을 하고 해외연수를 떠난다면 크게 얻는 것 없이 시간과 돈을 버리는 일이 될 수도 있어요. 하지만 어학연수 기간 중 최대 효과를 보겠다고 다짐하고 체계적으로 학습 관리를 한다면, 해외에 나가서 공부하는 것이 영어를 비약적으로 발전시키는 데 정말 중요한 계기가 될 수 있죠. '24시간을 48시간처럼 쓰겠어'라는 마인드로 학습 플랜을 촘촘하게 짜서 실천해야 하는데, 이때 도움이 되는 방법이 체계적인 커리큘럼을 가지고 있는 학교나 어학원을 다니는 거예요. 저 역시 스물한 살 때 영어 공부를 해 보겠다고 호주로 무작정 떠났지만, 당시 금전적인 여유가 없어서 어학원을 다니지 못한 것이 아직도 후회로 남아 있습니다. 탄탄한 커리큘럼과 안정적인 학습 사이클이 영어 학습에 있어 매우 중요한 요소라는 것을 시간이 흘러 깨달았기 때문이에요. 예를 하나 들어 볼까요?

A라는 학습자 집단이 있고 B라는 학습자 집단이 있습니다. A는 해외에서 학교를 다니는 유학생들이고, B는 해외에서 일을 하는 근로자들입니다. A집단은 하루 중 대부분의 시간을 학교에서 보냅니다. 오전 9시부터 오후 5시까지는 학교에서 하는 정규 수업을 듣고 점심시간에는 학교 친구

들과 간단한 점심을 먹은 다음 오후 늦게 귀가해 과제를 하거나 미드를 보며 하루를 마무리한다고 가정해 볼게요.

B집단은 하루 중 대부분의 시간 동안 일을 합니다. 마트에서 캐셔로 근무하거나 대형 마트 상하차 업무를 주로 하죠. 아무래도 학교보다는 현지인들을 만날 기회가 많습니다. 퇴근 후에는 근처 펍에 가서 맥주 한 잔을 마시고 귀가합니다. A와 B 두 집단 중 어떤 집단이 더 빠르게 영어 실력이 향상됐을까요?

정답은 A입니다.

의아하지 않으신가요? 현지에서 직접 원어민들과 부딪히면서 일을 하는 집단이 영어를 더 잘할 것 같은데 왜 유학생 집단보다 더디게 영어 실력이 향상되었을까요? 그 이유는 다양하게 해석이 가능하지만 가장 큰 이유는 근무 시 사용하는 영어가 제한적일 확률이 높기 때문입니다. 캐셔로 근무하면 결제와 관련된 영어를 자주 사용하게 될 것이고, 상하차 업무를 하게 되면 영어 사용에 더 많은 제약이 있겠죠. 또한, 이 집단의 경우 정제된 콘텐츠로 교육을 받지 않았기 때문에 사용하는 표현만 반복해서 사용하게 되고, 잘못 사용하는 표현일지라도 그 표현을 바로잡아 줄 사람이 적어요. 그래서 이와 같은 현상이 생기게 됩니다.

반면 유학생 집단인 A집단의 경우 절대적인 학습 시간을 더 빨리 채울 확률이 높기도 하고, 정제된 교육 콘텐츠로 학습하기 때문에 양질의 학습이 가능합니다. 또한 잘못된 표현을 사용할 경우 옆에서 첨삭이나 조언을 해 줄 사람들이 상대적으로 많아서 올바른 학습 방향을 찾기도 수월하죠.

저 또한 이 점을 몸소 느낀 에피소드가 있어요. 스물한 살 때 막연히 워킹홀리데이 비자 하나만 들고 떠난 호주에서 당장 먹고 사는 일이 급선무였기에 접시를 나르는 서빙 일을 할 수밖에 없었는데요. 나름대로 귀가 후에 영어 공부를 한다고는 했지만, 실력이 더디게 향상되는 걸 느꼈습니다. 호주에서 보내는 시간이 지나면 지날수록 영어 정복이라는 초심이 점점 사라지고 '큰돈을 주고 어학원에 가는 것보다 단 몇 푼이라도 모아서 한국으로 돌아가야지' 하는 마음이 점점 커져만 갔어요. 지금 생각이지만, 당시로 다시 돌아간다면 돈을 모으지 않고 저렴한 어학 코스라도 등록을 했을 것 같아요.

스물한 살의 가진 것 하나 없던 젊은이는 시간이 흘러 영어 통번역이라는 세계에 발을 담그게 되었고 12년 뒤 대학원을 졸업하기 위해 다시 호주에 가게 되었습니다. 대학원을 마치기 위해 다시 찾아간 호주에서의 삶은 12년 전 제가 느꼈던 호주와는 너무나 다르게 다가왔어요. 그간 나이를 먹어 세상을 바라보는 시선이나 태도가 바뀌어서일지도 모르지만 학교를 다니면서 호주에서 보냈던 시간은 똑같이 5개월이라는 시간을 썼는데도 훨씬 더 폭넓은 지식을 흡수할 수 있었죠.

서른셋에 찾아간 호주에서 대학원 졸업으로 인해 시간적 여유가 훨씬 없었음에도, 상대적으로 시간적 여유가 있었던 스물한 살 때의 호주 생활보다 훨씬 더 많은 배움을 얻을 수 있었습니다. 만약 다시 호주로 돌아가서 이 경험을 하지 못했더라면 아마 지금도 호주에서 일을 하며 보낸 시간을 나름 위로하면서 '최선의 결정이었다'고 생각했을 거예요. 뛰어난 커리큘럼을 기반으로 학문적인 지식을 지속적으로 쌓는 게 학습에 있어서 굉장히 중요한 요소라는 것을 몸소 경험하며 알게 되었습니다. 막연히 영어 환경에 노출되어 그저 흘려보내 버리는 학습이 아닌 충분한 학습 시간을 확보한 후 양질의 콘텐츠를 통해 꾸준히 학습하는 것이 빠른 실력 향상을 가져다준답니다.

'전 학교나 학원에 다닐 여력이 안 돼요.'라는 분들이 분명히 있을 거예요. 최근 코로나 사태로 인해 교육 생태계에는 많은 변화가 있었습니다. 꼭 현장에서 듣는 강의가 아니더라도 충분히 좋은 커리큘럼을 가진 학습 코스를 쉽게 찾을 수 있어요. 꼭 미국 유학을 가지 않아도 하버드, 예일대 같은 글로벌 명문대학교의 강의를 언제 어디서나 들을 수 있습니다. 조금만 관심이 있다면 그런 교육 과정을 찾아내는 데 그리 오랜 시간이 걸리지 않습니다.

이러한 강의를 찾으시는 분들을 위해 가장 추천하고 싶은 사이트는 COURSERA입니다. COURSERA는 전 세계 대학과 기업이 협력하여 다양한 분야의 강의를 제공하는 사이트로, 한 달에 39달러를 지불하고 해외 유수의 대학 강의를 방 안에서 들을 수 있답니다.

▲ COURSERA 홈페이지

▲ COURSERA 앱 화면

단순히 지식만 전달하는 온라인 강의가 아닌 대학교 한 학기의 커리큘럼을 온라인으로 옮겨 놓은 것과 같은 과정이기 때문에 수업 중간에 학습자의 집중력을 높여 주는 팝업 퀴즈 및 수업 후 매회 시험도 제공합니다. 이를 통해 학습 효과를 극대화할 수 있어요.

　조금만 관심을 기울이면 적은 돈을 들이고도 큰 학습 효과를 거둘 수 있습니다. 무작정 해외로 떠나기 전에 한국에서 다양한 시도를 해 보고 체계적인 학습 플랜 아래 바람직한 습관을 먼저 기른 뒤 해외로 나간다면 훨씬 더 넓은 세상과 지식을 만날 수 있을 겁니다.

11

끝까지 하는 놈이 이겨

어느 날 수업을 듣던 학생이 제게 이런 말을 했습니다.

"선생님, 오늘 원어민을 만났는데 원어민이 하는 말이 여전히 안 들려요. 선생님과 수업을 하면서 어느 정도 자신감이 붙었다고 생각했는데 원어민을 만나니 갑자기 얼어붙어 버렸어요."

"열심히 했는데 여전히 안 들리고 말도 꼬이고 답답하죠? 그렇게 수없이 많은 좌절과 민망함이 쌓이면서 영어가 느는 거예요. 지금의 저를 만든 건 8할이 모욕감과 수치심이었어요."

17년 동안 학생들을 가르치면서 두 부류의 학생이 존재한다는 걸 알게 되었습니다. 한 부류는 마음처럼 실력이 오르지 않았을 때 포기해 버리는 학생들이고, 다른 부류는 시련을 발판 삼아 포기하지 않고 끝까지 영어 공부를 해내는 학생들이죠. 이러한 기질을 전문 용어로 'Grit'이라고 해요. 이건 영어뿐만 아니라 모든 부분에 적용 가능합니다. 성공한 사람들에게는 몇 가지 공통된 특징이 있는데요, 바로 '열정'과 '지구력'입니다.

GRIT
= passion(열정) + perseverance(끈기) + stamina(지구력)

영어 공부에 시간을 얼마큼 투자하면 영어를 유창하게 할 수 있냐는 질문을 많이 받습니다. 그때마다 저는 최소 10년을 이야기해요. 이 말을 들으면 대부분의 사람들은 실망을 하게 됩니다. 1년만 바짝 하면 된다는 달콤한 말을 해 드리고 싶지만 그건 거짓말, 아니 사기에 가깝습니다. 저 역시도 지금까지 모르는 단어와 싸우면서 더 나은 표현을 쓰기 위해 매일 고군분투하고 있기 때문이죠. 영어가 어느 정도 고지에 오르려면 최소 10년은 걸린다고 생각합니다. 이 10년은 어떻게 보면 긴 시간이고 또 어떻게 보면 짧은 시간이에요.

만약 여러분의 나이가 지금 30대라고 하면 10년을 투자해도 40대인데 40대면 사회에서 활발하게 활동하고 있을 나이잖아요. 10년을 투자해서 자신의 무대를 세계로 넓힐 수 있다면 해 볼 만한 투자라고 생각해요. 설령 50대, 60대라고 해도, 지금 시작해서 10년을 투자한다고 손해는 아니라고 생각합니다. 몇 년 전 방영되었던 한 여행 프로그램에서 노년의 배우들이 낯선 곳에서 영어로 현지인과 소통하고 여행하는 모습이 많은 시청자들에게 큰 울림을 주었죠? 무언가를 배우는 데 늦은 시기라는 건 없습니다. 아니 어쩌면 우리는 평생 배우면서 살아가야 할지도 몰라요. 혹시 지금도 '영어 공부해야 하는데…. 지금 시작해서 내가 뭘 얻을 수 있지?'라고 input 대비 output만을 고민하고 있다면 그런 고민을 할 시간에 '지금 바로 시작하라'고 말씀드리고 싶습니다.

저 역시도 그런 순간이 있었어요. 통역사가 되고 싶은데 '이미 통역사를 꿈꾸기에는 너무 늦은 나이는 아닐까?'라고 말이죠. 통역사가 되고 싶어서 통번역학과에 진학했지만 졸업할 때까지 저는 통역사가 될 수 없을 거라고 생각했습니다. 통역대학원에 갈 수 있는 건 과에서 수석 정도 해야 꿈이라도 꿔 볼 수 있는 거라고 그때는 생각했으니까요. 그렇게 대학을 졸업하고 저는 일반 기업에서 근무하게 되었어요. 당시에 영어를 활용해서 할 수 있는 일이 무역과 유통 쪽에 많아서 저는 무역 회사와 유통 회사를 다니며 커리어를 쌓아 나갔습니다.

회사 생활을 하다 보니 영어를 잘하는 것이 날개를 단 것이라기보다는 업무가 하나 더 늘어난 기분이 들었습니다. 영어를 못하는 팀원들은 모두 자기 일을 끝내고 퇴근했는데 저 혼자 사무실에 남아 다른 사람들이 작성한 보고서나 이메일을 영어로 번역해야 하는 날들이 많았기 때문이죠. 분명히 동료들에게 도움을 주는 것인데 돌아오는 반응은 '줄리아가 영어를 잘하니까 줄리아가 해야지.'였습니다. 그런 생활이 반복되자 저는 이럴 거면 차라리 통역, 번역만 하는 게 낫겠다는 생각에 이르렀어요. 주어진 업무에 통번역 업무까지 해내도 똑같은 월급에, 고마워하지 않는 동료들 때문에 마음속에 불씨가 하나 지펴지게 된 것이죠. 하지만 어떻게 하면 통역사가 될 수 있는지 막막했습니다. 대학교에서 영어 통번역학을 전공했지만 통역 수업을 들으면 학점이 잘 나올 것 같지 않아서 번역 수업만 들었는데, 통역사가 되려고 하니 학부에서 배운 지식이 한참 부족하다고 느껴졌습니다. 그래서 저는 무작정 멀쩡한 회사를 그만두고 모 대기업의 계약직 통번역사로 입사했습니다. 운이 좋게도 통번역대학원 석사 졸업생만 뽑던 기업이었는데, 제가 지원할 때 마침 학사도 응시할 수 있게 기준이 낮아져서 인하우스 통번역사로 일을 시작할 수 있게 되었죠.

당시 근무하던 기업에서 통번역대학원을 졸업하지 않은 사람이 저밖에 없었기 때문에 일을 하는 내내 위축되는 기분이 들었습니다. '통번역대학원을 졸업하지 않아도 열심히 해서 실력으로 인정받아야지.'라는 생각으로 일했지만, 순차 통역까지는 할 수 있어도 동시통역을 하기엔 역부족이었어요.

S그룹에서 인하우스 통번역사로 재직할 당시, 사내 임원 위촉식 행사에서 동시통역을 하기 위해 지원을 나가게 되었습니다. 갑작스럽게 지원을 가게 된 거라 사전 준비 없이 투입되었는데, 임원으로 위촉되는 분들의 부서명, 직급명을 확실하게 파악하지 못한 상태라서 잔뜩 긴장을 하고 있었습니다. 설상가상으로 대표님께서는 그날따라 속사포 랩처럼 굉장히 빠른 속도로 사자성어를 섞어 가며 연설을 하셨습니다. 통역을 해야 하는데 꿀먹은 벙어리처럼 단 한마디도 할 수 없었어요. 그때 파트너로 함께 지원을 나간 통역사분이 저를 대신해 동시통역을 해 주셔야만 했죠.

굴욕적이었습니다.

제 통역을 듣고 있던 임원들이 리시버(receiver, 통역을 수신하는 장치)

를 중간에 빼고 아예 듣지 않는 모습을 보며 그 자리에서 증발해 버리고 싶다는 생각을 했어요. 이미 통역사로 일하고 있었지만, 턱없이 부족한 실력에 한없이 부끄러웠습니다.

그래서 스물아홉이라는 늦은 나이에 통번역대학원에 진학했습니다. 저보다도 일찍 통번역대학원을 졸업한 동료 인하우스 통역사들은 제게 이미 일을 하고 있는데 이제 와서 통번역대학원에 들어 가는 건 투자 대비 아웃풋이 그다지 좋지 않을 것이라며 저를 말렸습니다. 하지만 이 장벽을 뚫지 않으면 언제고 계속해서 이런 부끄러움과 굴욕감이 올라올 것 같다는 생각이 들었습니다. 실력으로는 아무도 이의 제기를 할 수 없게끔 제 자신을 단단히 무장시키고 싶었습니다. 당시에 회사를 다니면서 대학원 생활을 해야만 했던 저는 고려대학교와 호주 맥쿼리대학교가 함께 운영하는 KU-MU 통번역 과정에 진학했습니다. 평일에는 회사를 다녀야 했기 때문에 주말 과정에 진학하게 되었죠. 주말에만 수업을 들어야 했기에 전체 학기와 기간이 두 배 이상 길지만 저에게는 선택 가능한 옵션이 주말반밖에는 없었습니다.

보통 통번역대학원 입시를 준비하면 재수, 삼수는 기본이라는 말이 있을 정도로 시간도 오래 걸리고 학습량도 어마어마하죠. 하지만 몰라도 일단 부딪히고 보는 성격 덕분에 운 좋게 인하우스 통역사로 입사해 일했던 것이 입시 준비를 하면서 많은 도움이 되었습니다. 입시 학원을 다니지 않고도 통번역대학원에 진학을 할 수 있었고 첫 응시에 합격이라는 기쁨을 누릴 수 있었습니다.

회사를 다니면서 통번역대학원을 다닌다는 것이 생각보다 훨씬 더 고되고 힘들었지만, 그렇게 해서라도 통번역대학원에 진학해 통번역을 공부할 수 있었다는 사실 자체에 감사했어요. 지금은 이렇게 감상에 젖어 대학원 시절의 이야기를 할 수 있게 되었지만, 재학 당시에는 매일 '내가 졸업할 수 있을까?'라는 생각을 하며 힘겹게 공부를 했기 때문이죠.

부족한 시간을 쪼개서 학교 공부에 매달렸지만, 실력은 여전히 제자리인 것만 같았습니다. 마음이 너무 힘들어서 '그냥 대학원은 수료만 하고 이렇게 인하우스 통번역사로 좀 더 일하고 결혼이나 할까?'라는 나약한 생각이 자꾸만 들었습니다. 하지만 그렇게 끝내 버리는 건 스스로 용납이 되지 않았어요. '정말 죽을 만큼 열심히 한 게 맞나? 과연 여기까지가 내가 갈 수 있는 최고치인 걸까? 나는 더 나아지고 싶어. 그래서 잘하진 못하더라도 꾸준히는 하고 싶어….'

그렇게 제 안의 다른 자아와 끊임없이 싸우면서 조금씩 아주 천천히 앞으로 나아갔습니다. 매일 자괴감에 시달리고 뼛속까지 시린 비판을 견디며 공부했던 대학원 생활에 대한 이야기를 지금부터 시작해 보려고 해요.

12

영어를 향한 아주 긴 터널
(feat. 통번역 대학원 생활)

2015년 11월 안암동 국제관 5층.

개미 지나가는 소리까지 들릴 정도로 긴장감과 적막이 감돌던 통번역대학원 입학시험 현장. 전날까지 야근을 해서 피곤한 몸을 이끌고 입학시험을 치르게 되었습니다.

1교시에는 한영, 영한 번역 시험을 봤습니다. 지문이 각각 두세 개씩 주어졌는데 너무 긴장한 탓에 가이드라인을 제대로 읽지 않고 모든 지문을 다 번역해 버렸어요. 지문 중 두 개만 선택해서 번역하면 되는 것이었는데 말이죠. 시간이 말도 안 되게 촉박하길래 속으로 '역시 통대 시험이 만만한 게 아니었어. 이런 긴 지문을 이 짧은 시간 안에 다 번역하라니 역시 나는 통대를 다니기에는 아직 역부족이구나.'라는 생각을 하며 시험을 봤습니다. 나중에 입학하고 나서야 지문을 두 개만 골라서 번역하면 되었다는 사실을 알게 되었습니다. 번역 시험을 보면서 수명이 적어도 일 년은 줄어든 것 같은 스트레스를 받았는데 이미 줄어든 수명을 보상받을 수도 없고 덜렁거리는 제 성격을 탓할 수밖에 없었어요.

2교시에는 호주에서 오신 교수님들과의 인터뷰가 진행되었습니다. 면접 전, A4 한 장을 가득 채운 기사를 주는데 그때 저는 그걸 참고해서 동시통역을 해야 하는 건 줄 알고 대기실에서 다리를 사시나무 떨듯이 떨었어요. 하지만 예상외로 통역 시험은 진행되지 않았고 미리 읽은 기사에 대한 생각을 물어보셨죠. 언어 외에도 얼마나 폭넓은 지식과 유연한 사고방식을 가졌는지에 대한 평가가 진행되었습니다. 너무 늦은 나이에 통번역대학원 준비를 시작한 건 아닐까 걱정했는데, 20대 때 했던 다양한 경험들이 통번역대학원 시험을 준비하는 데 큰 도움이 되었습니다.

통번역대학원 진학 후 첫 학기에는 살짝 자만과 긴장이 섞인 감정으로 공부에 임했던 기억이 납니다. 대학원 진학 전 이미 인하우스 통번역사로 활동하고 있었기 때문에 충분히 학교 공부를 해낼 수 있을 거라 생각했거든요. 하지만 그런 저의 자만이 저에게 독이 되었습니다. 동기들은 꼼꼼하게 단어 하나하나를 번역하고 통역하는 데 반해, 저는 제가 자체적으로 판단해서 단어를 생략하거나 문장 구조를 바꾸는 행동들을 하곤 했습니다. 때때로 동기들의 번역, 통역의 결과물을 보고는 '현업에서는 저렇게 하면 안 되는데….'라는 교만한 생각을 가지기도 했었죠. 현업에서 통번역사로 일하면서 대학원을 진학한 경우라 입시 기간은 단축할 수 있었지만, 막상 공부가 시작되고 나서는 그런 부분들이 제게 자꾸만 걸림돌이 되었습니다.

 일주일 동안 고민을 거듭해 작성한 번역본을 제출했는데 단 한 번도 칭찬을 듣지 못했습니다. 돌아오는 피드백은 "경미 씨 유치원생이에요? 영어 수준이 왜 이렇게 낮죠? 그렇게 해서 졸업하고 통역사라고 말할 수 있겠어요? 기본적인 영어 실력부터 다시 쌓고 오세요!"

 공부를 하면 할수록 자신감은 바닥을 치고 매일 긴 터널 속을 혼자서 걸어가는 기분이었습니다. 통번역대학원 수업은 크리틱 수업(Critique Class, 비평 수업)이 주를 이루는데 교수님뿐만 아니라 동기들끼리도 서로 크리틱을 합니다. 특히 번역 같은 경우는 정답이 없기 때문에 다양한 사람들의 의견을 들어 보는 것이 중요해요. 통번역대학원에서 말하는 '크리틱'은 학생이 한 통역이나 번역에 대해 동기 또는 교수님께서 피드백을 주는 것을 의미합니다. 하지만 '크리틱'이라는 단어가 주는 느낌처럼 따뜻한 피드백을 준다기보다는 틀린 부분, 더 나은 표현들에 대한 조언을 가감 없이 직설적으로 해 주는 경향이 많습니다. 이는 피드백을 주는 동기나 교수님의 성격이 깐깐해서라기보다는 통번역사로 일하는 데 있어 필요한 현장에서의 돌발 상황이나 고객의 피드백에 대한 대응 능력, 정신 무장, 회복탄력성을 갖게 하도록 하는 과정이기도 합니다.

 밤새워 한 번역본에 누가 '이건 이래서 잘못됐다, 저건 저래서 잘못됐다'고 한다면 제아무리 정신력이 강한 사람일지라도 자존심에 상처가 날 수밖에 없습니다. 하지만 이런 과정은 훗날 제가 프리랜서로 활동할 때 힘든 상황이 닥쳐도 훌훌 털고 일어날 수 있게 하는 자양분이 되었습니다. 통번역대학원 생활을 하다 보면 크리틱 때문에 상처받는 경우가 많은데, 사실 그런 크리틱도 다 공부의 과정이라고 생각해요. 실제 현장에서 만나는 고객은 비용을 지불하고 전문가를 쓰는 것이기 때문에 통번역사가 기대에 못 미치는 실력을 보여 줬을 때는 학교에서보다 더 살벌한 크리틱을 하게 되기 때문이죠.

글로벌 기업의 대표 강연을 통역한 적이 있습니다. 하버드대를 나오고 글로벌 기업의 대표이다 보니 지식의 수준이 상당히 높으신 분이었어요. 집중한다고 했는데도 쏟아지는 광학 용어에 원소 주기율표와 지질학 용어까지…. 통역 시간이 6시간이 넘어가니 점점 한계에 다다르며 이런 생각이 들더군요. '나는 누구고 여긴 어디인가, 신은 왜 나에게 이런 시련을 주시는가?' 통역사가 되면 전문가가 되는 거라고 생각했는데 매번 바뀌는 주제와 턱없이 부족한 준비 시간 때문에 이 모든 지식들을 이해하고 통역을 잘 해내기란 여간 어려운 일이 아니었어요.

성형외과 시술 통역을 할 때면 환자에게 무시무시한 바늘을 찌르는 걸 눈앞에서 지켜보면서 통역을 해야 하기도 했고, 이미용 관련 통역 업무를 할 때는 통역을 하다 말고 시술 베드에 누워 왁싱 모델로 털을 뽑히기도 했죠. 상상을 초월하는 변수들 속에서 중심을 잡고 통역을 한다는 게 생각보다 강한 정신력이 필요하다는 것을 일을 해 나가면서 깨닫게 되었어요. 경력이 늘수록 영어도 통역도 자연스럽게 늘었으면 좋겠는데 실력은 언제나 제자리이거나 오히려 퇴화한다는 생각이 들어서 '이 직업 자체를 계속할 수 있을까?'라는 고민에 정말 괴로웠습니다. 통역 업무와 대학원 생활을 병행하면서 하루 종일 영어만 생각하고 끊임없이 노력하는데도 실력이 늘지 않아 답답했어요. 그러던 어느 날 교수님께서 이런 말씀을 해 주셨습니다.

"공부를 하면 할수록 제자리인 것 같고 실력이 늘지 않는다는 느낌을 받을 겁니다. 사실 여러분의 실력은 조금씩 나아지고 있어요. 하지만 여러분이 스스로에게 거는 기대는 계속해서 높아지기 때문에 실력이 향상돼도 계속해서 그 갈증이 채워지지 않는 겁니다. 그러니 스스로를 믿고 지금처럼 열심히 하다 보면, 언젠간 동시통역 부스에 앉아서 통역하는 자신을 만나게 될 거예요."

통번역대학원 생활은 마치 한 알의 진주를 만들기 위해 제 몸에 상처를 내는 조개가 된 느낌이었어요. 하지만 고통 속에서 전 분명히 성장하고 있었고, 그 시간을 통해 결국 꿈에 가까워질 수 있었답니다.

▲ 진주를 만드는 마음으로 공부했던 통번역대학원 시절

▲ 기다리던 대학원 졸업

#13

꿈은 꾸라고 있는 게
아니라 이루라고 있는 것

어느 날 우연히 17년 전 제가 포털 사이트 〈지식IN〉에 남긴 글을 발견했습니다. 대학 진학을 앞두고 영어로 자기소개를 준비하고 있던 때 쓴 글 같아요. 재미있는 건, 영어 통역사가 되고 싶다면서 간단한 자기소개조차 영어로 작성하지 못해서 포털 사이트에 영작을 해달라고 하고 있었다는 거죠.

그렇게 영어를 몰랐던 제가 서른셋,

> Q **영어자기소개!!!완전 급해요 ㅠ..ㅠ**
>
> jang**** · 마감률 50% · 채택률 50% · 2005.10.24.
>
> 답변 1
>
> 저는 호기심이 많고 집중력이 뛰어난 편입니다. 특히 언어쪽에 호기심이 많아
> 잘은 못하지만 외국어를 이것저것 배웠습니다.
> 제 꿈은 동시통역사 입니다. 고도의 집중력과 뛰어난 언어구사력을 바탕으로 하는
> 이 직업이 저에게 가장 적합하다고 생각합니다.
> 저는 아직 다듬어 지지 않은 원석입니다. 하지만 XX 대학에 입학해 끊임없이 제 자신을
> 갈고 닦아 제가 4년뒤 사회에 진출 했을때는 빛나는 보석이 되고 싶습니다.
>
> 이게 정말정말 급한거라서요,...
> 영작해주시면 정말정말 감사드릴께요

대학원에 진학한 뒤 딱 4년 만에 졸업을 하고, 17년이 지난 지금은 세계 석학들이 모인 자리에서 동시통역을 하고, TV에서 보던 유명인들의 말을 통역하기도 하는 통역사가 되었습니다. 이 명함 한 장을 얻기 위해 영어와 고군분투했던 시간들이 스쳐 지나가네요.

▲ 나의 소중한 통역사 명함

영어로 한마디도 하지 못해 수업 시간에 쫓겨났던 일, 학사 경고를 받고는 영어는 도저히 내 길이 아니다 싶어 전문대 제빵학과로 편입하겠다고 떼썼던 일, 워킹홀리데이로 간 호주에서 급성 신우신염에 걸렸을 때 영어를 못해 병원에도 못 가고 2주 동안 혼자서 버티다가 요단강을 건널 뻔했던 일….

저는 너무 평범했고 부족했고 소심했습니다.

TV나 책에서 '저 같은 평범한 사람도 해냈습니다.'라는 말을 들을 때면 '흥! 뭐가 평범해. 하나도 평범하지 않잖아!'라며 모두 특별한 사람들의 이야기라고만 생각했어요. 하지만 성공한 사람들을 자세히 관찰해 보면 타고난 재능이 있어서 성공한 것이라기보다는 꾸준히 무언가를 오래 포기하지 않는 끈기와 근성을 가지고 있기 때문이라는 것을 알 수 있습니다. 지금은 전 세계인이 알 정도로 성공한 기업가인 일론 머스크(Elon Musk)도 사업 초기엔 사무실 한 편의 낡은 소파에서 몇 날 며칠 동안 먹고 자며 밤을 새우는 일이 일쑤였죠. 일론 머스크는 말합니다. '지옥처럼 일하라.' 저 역시 일론 머스크처럼 영어에 매달리고 지독하게 공부하던 시간이 있었습니다. 영어를 처음 시작하던 시절에 강남역, 종로역에 붙어 있던 '영어를 단기간 완성'이라는 포스터들을 보며 한때는 '영어를 바짝 하면 나도 유창하게 말할 수 있겠지?'라는 알량한 생각을 할 때도 있었어요. 영어를 오랫동안 공부했어도 끊임없이 영어에 부족함을 느끼게 될 줄을 그때는 몰랐거든요.

영어라는 긴 터널을 건너면서 '결국 엄청난 시간과 노력이 필요했구나.'라는 사실을 깨닫게 되었습니다. 결국 영어를 잘하게 되는 건 뛰어난 IQ도 아니고 조기 유학을 보내 줄 부모님의 대단한 재력도 아닌, 온전히 '피나는 노력으로 흘린 땀의 결과'라는 걸 이제서야 알았습니다. 아무리 열심히 해도 해외에서 태어난 친구들을 이길 수 없다는 사실에 분한 적도 있었어요. 하지만 시간이 지날수록 깨닫게 되었습니다. '세상엔 해외에서 태어나고 유학을 다녀온 사람보다 나처럼 한국에서 영어를 배운 사람들이 훨씬 많잖아. 내가 그 사람들의 어려움을 아니까 오히려 내가 단점이라고 생각했던 부분이 장점이 될 수도 있겠다!'

교포나 원어민 강사를 보면서 느낀 점은 학습자가 어떤 부분에서 어려움을 느끼고 있는지 쉽게 파악할 수 없다는 것이었습니다. 그들의 경우 문법이나 표현이 자연스럽게 언어에 녹아든 것이기 때문에 학습자들을 이해시키는 데 어려움을 느끼는 거죠. 학습자들은 사실 이해하지 못하는 경우에도 부끄러워 말을 하지 못하는 경우가 많기 때문에 저는 제 경험을 토대로 학습자들이 '이해하는 척'을 했을 때 다시 한번 확실히 이해가 됐는지 확인하고 더 쉬운 방법으로 설명하는 것이 가능했습니다.

시작점이 다른 건 어쩔 수 없습니다. 하지만 시작점이 다르다고 해서 결승선에서의 결과가 이미 정해진 건 절대 아니에요. 처음부터 완벽한 페이스로 뛰어서 결승선에 도착한 사람과 스타트도 늦고 중간에 넘어지기까지 해서 순위권 밖으로 밀려났지만 그 경기를 끝까지 포기하지 않고 뛴 사람 중 사람들은 어떤 사람에게 더 뜨거운 박수를 보낼까요?

지금 나의 핸디캡이라고 생각되는 것들이 오히려 나만의 스토리가 될 수 있다고 생각해 보세요. '해외여행 하는 데 지장이 없을 정도의 기초 영어만 하고 싶다.'가 아니라 더 원대한 꿈을 가져 보세요. 다른 사람들이 늦었다고 말할 때 보란 듯이 해내는 모습을 보여 주세요.

영어로 자기소개도 작성하지 못했던 소녀가 통역사가 되고 교육 회사를 차려서 성인들을 위한 교육 서비스를 개발하며 다수의 영어 학습서를 집필하는 작가도 되었습니다. 꿈을 이룰 수 있었던 비결은 단순했어요. 어제보다 더 나은 내일을 만들기 위해 '포기하지 않고 조금씩 앞으로 나아갔던 것', 그리고 반드시 꿈을 이룰 거라는 '강한 자기 확신을 가졌던 것'입니다. 긴 시간을 지나 마침내 잘되는 사람들을 보면 공통점이 있어요. 상황이 어떻든 반드시 해낼 수 있다는 확신과 믿음을 가지고 있다는 거죠. 그리고 그 꿈에 다가가는 과정 자체를 즐긴다는 겁니다. 지금 반짝반짝 빛나는 사람들을 자세히 들여다보면 엄청난 양의 노력과 시간을 들여 자신을 갈고닦았음을 알 수 있습니다.

"The world is your oyster."

　'세상이 너의 굴이다'가 아니라 '당신은 무엇이든 할 수 있고 이룰 수 있습니다'라는 뜻의 문장이에요. 조개의 고름이 굳어져서 생기는 진주를 생각해 보세요. 작은 조개조차 고름으로 진주를 만들어 내는데 인간인 우리가 해내지 못할 건 아무것도 없겠죠.

　고름이 보석이 될 거라는 확신만 갖는다면, 앞으로 헤쳐 나갈 길에 어떠한 난관이 있더라도 반드시 끝까지 보석을 만들어 낼 겁니다. 17년 전 영어를 한마디도 못하던 여고생이 꿈을 이룬 것처럼 지금 이 책을 읽고 있는 여러분도, 그 목표가 무엇이 되었든 반드시 해낼 수 있습니다.

　저는 성인이 되어 영어 회화를 시작한 후 영어가 편해지기까지 십 년이 넘는 시간이 걸렸지만, 여러분은 그 시간을 훨씬 더 단축할 수 있는 방법이 있습니다. 바로 십수 년간 누군가가 이미 지나갔던 길에서 힌트를 얻는 거예요. 한국에서 영어를 공부하면서 이런저런 방법을 찾아 헤맸지만 어떤 방법은 효과가 있었고 어떤 방법은 그렇지 못했습니다. 그때 생각했어요. '내가 누군가의 이정표가 되어 주자. 쏟아지는 정보 속에서 누군가는 분명 나처럼 이렇게 혼란스러울 거야. 헨젤과 그레텔이 길에 흘려 놓은 과자처럼, 영어를 처음 시작하는 누군가에게 길이 되어 줘야지!'

　그렇게 오랜 고심 끝에 정립한 내용들을 다음 챕터에 담았습니다. 챕터

1에서 평범한 성인이 영어에 매진해 통역사가 된 스토리를 보며 영어 공부를 해야 하는 이유와 설렘을 찾았다면, 이제는 여러분이 그 주인공이 되기 위해 필요한 연료를 구할 때입니다. 혼자 외롭게 걷던 길에서 초고속 슈퍼 카를 타고 아우토반을 달리게 해 드릴게요. 저만 잘 따라오세요!

"Welcome to the new chapter."

자벌레처럼
한 걸음 한 걸음씩
충실히 나아갈 때
비로소 자연스럽게
앞이 보인다.

———

Like a looper,
when you go step by step
with faithfulness,
you'll see
the future ahead of you.

Chapter 2

다시 만나는 영어의 세계

영어를 정복하려는 것?
신에게 도전하는 것!

가끔 영어가 생각처럼 늘지 않아 고민을 털어놓는 학생들을 보면 제가 항상 해 주는 말이 있습니다.

"원래 인간의 언어는 하나였다고 해요. 바벨탑을 쌓아 올리는 인간의 모습을 본 신이 인간의 탐욕과 이기심을 막고자 언어를 여러 개로 나눠서 서로 의사소통을 할 수 없게 만들었대요. 어쩌면 다른 언어를 정복하는 것은 신에게 도전하는 것만큼 어려운 일일지도 몰라요. 지금 힘든 건 당연한 거예요."

저 역시 영어를 공부한 지 꽤 오랜 시간이 흘렀지만, 여전히 두려운 마음이 들 때가 있습니다. 영어 공부를 처음 시작할 때만 해도 '영어를 10년 정도 하면 어느 정도 경지에 오르겠지?'라고 생각했는데 지금 생각해 보면 그 마음이 얼마나 얄팍한 마음이었는지를 깨닫곤 하니까요.

어느 날 구독자분으로부터 메일을 하나 받았습니다. 당시는 유튜브를 보고 메일을 보내는 분들이 많아서, 미처 확인도 하지 못할 정도로 메일이 많이 올 때였습니다. 그런데 유독 그날은 운명처럼 그 메일을 열어 보고 싶더라고요.

안녕하세요 갱미몬 님,

갱미몬 님 유튜브 채널을 즐겨 구독하고 있는 시드니에 사는 OOO라

고 합니다. 전 30대 중반의 한 아이의 엄마로 아주 평범한 사람인

데, 호주에서 공부 한 번 안 해 본 이 평범한 아줌마가 큰 결심을 하고 대학에 들

어갔습니다. 그것도 호주의 나름 명문대 법대에 들어가서 공부를 시작했어요. 지금 벌

써 공부를 한 지 2년이 지났네요. 처음에는 겁 없이 무조건 할 수 있다는 생각과 '뭐

어려워 봤자 얼마나 어렵겠어!'라는 생각이었는데, 오히려 시간이 지날수록 공부가

어려워지고 더 힘들어지더라고요. 그것도 아이와 남편을 보살피면서 공부까지 하려

니 체력적으로 지치기도 하고, 호주에서 가장 성적이 좋다고 하는 아이들과 같이 공부

하다 보니 심리적으로도 너무 힘들어요.

특히 이번 학기에는 너무 어려운 과목을 수강하기도 했고, 수업 시간마다 준비되지

않은 상태에서 무작위로 발표시키는 교수님 때문에 울기를 반복하다가 결국 교수님

께 이메일을 보내서 상담했어요. '나는 원래 말이 별로 없고 모국어를 사용할 때도 수

다스러운 사람이 아니다. 그래서 수업 시간이 상당히 두렵다. 분명 언어의 문제도 있

을 거고, 성격도 소심한 편이라서 당신의 그런 수업 방식이 너무 힘들다. 하지만 나도

노력하고 싶다.'라고 말이죠. 교수님에게서 돌아온 답변은 'Just try.'였어요. '그냥 해

라. 넌 변호사가 되려는 사람이다. 변호사는 어느 순간, 어떤 질문 앞에서도 답변할

줄 알아야 한다. 난 판사보다는 덜 무서운 사람이니 나를 시험 삼아 연습해라.'

그 글을 읽고 정말 많은 생각을 했습니다. '교수님 말씀이 다 맞는데 나는 왜 그렇게 하지를 못하는 것일까?' 수업 후에 차에 타면서 울기도 수없이 울었어요. 정말 호주에서 난다 긴다 하는 아이들 사이에서 30대 평범한 외국인 아줌마가 공부하다 보니, 자신감이 바닥을 치고 있는 듯했어요. 그래서 고민하다가 유튜브에 검색하게 되었어요. '영어 자신감 찾는 법, 자신감 있게 영어로 말하기' 그때 뜬 영상 중 하나가 갱미몬 님 영상이에요. 우연히 영상을 보다가 갱미몬 님이 호주에 계신다는 걸 알게 되었고, 심지어 우리 집과 아주 가까운 맥쿼리에 계신다는 것도 알게 되었어요. 중간중간 공부 중에 쉴 때 갱미몬 님 영상을 봤는데, 이제야 용기 내서 이메일 드립니다.

아직은 발표 문제에 대한 정답을 찾지 못했어요. 성격을 조금 더 활발하게 바꾸고도 싶고 수업 시간에 손을 들고 발표하며 제 의견을 표현하고 싶은 마음도 굴뚝같지만, 아직 저에게는 너무 힘든 일입니다. 조금 더 고민하고 생각해 보고, 무엇보다 연습하고 부딪쳐 나가야 할 것 같아요.

갱미몬 님 영상을 보면서 갱미몬 님 역시 여기까지 오는 길이 쉽지는 않았을 것 같았어요. 그런데도 불구하고 노력하면서 긍정적으로 사시는 모습이 정말 보기 좋습니다. 부담되지 않으신다면 잠깐 커피 한 잔 사 드리고 싶어요.

그렇게 저는 생전 처음 보는 낯선 이와 쇼핑센터 카페에 마주 앉게 되었습니다.

"안녕하세요. 어떻게 불러야 할지 모르겠네요. 갱미몬 님…?"

"하하, 제 이름은 장경미이고, 영어 이름은 Julia예요. 편한 대로 불러주세요."

나긋나긋한 말투와 배려 깊은 모습을 가진 그녀는 메일에서 느껴졌던 것보다 훨씬 더 따뜻하고 좋은 사람이었습니다. 그녀는 호주로 이민을 오기 전, 한국 유명 기획사에서 보컬 트레이너를 하다가 영어가 좋아 무작정 토익 강사가 되었다고 했어요. 토익 강사가 되기 위해 수차례 토익 시험에 응시해 만점을 받고 토익 강사가 되었고요. 그 후 호주로 이민을 와서 현재는 시민권자로 호주 유명 법학대학원에 진학해 법을 공부하고 있는 한 아이의 엄마이자 학생이라고 자신을 소개했습니다.

'어? 얘기를 들어 보니 내가 오히려 조언을 얻어야 할 것 같은데…?'

그녀는 저보다 더 오랜 시간 영어 공부를 하고 현지에서 고등학교 교사로 근무하다가 로스쿨에 진학해 판사를 꿈꾸는, 그야말로 대단한 여성이었습니다. 한국에서 성인이 되어 영어를 배우고 무작정 호주로 건너와 현지 교사가 되고, 판사라는 꿈을 꾸게 되기까지 그녀가 겪었을 일들은 제 상상보다 훨씬 더 험난했을 것 같았어요.

언뜻 보기에도 영어로는 스트레스를 받지 않을 것 같은 사람이 영어 때문에 스트레스를 받는다고 하니…, 그날 저는 아주 중요한 깨달음을 얻었습니다.

'아, 영어는 누구에게나 어려운 거구나. 영어가 어느 정도 고지에 오른 것처럼 보이는 사람들도 모두 저마다의 고민이 있구나.'

영어를 처음 시작하는 초보자도, 영어를 어느 정도 구사하지만 외국인만 만나면 얼어붙는 중급자도, 원어민과 자유롭게 의사소통은 가능하지만 더 높은 수준의 표현에 갈증을 느끼는 고급자도 모두 저마다의 고민이 있습니다. 하지만 그 고민을 좀처럼 표출하기란 쉽지 않죠. 왜 학습자들은 공부를 하면 할수록 이런 고민을 하게 되는 걸까요?

이러한 현상은 '기대치 관리(Expectation Control)'와 밀접하게 연관되어 있어요. 우리의 실력은 분명히 늘고 있습니다. 하지만 늘어나는 실력만큼 우리의 기대치도 함께 올라가기 때문에 계속해서 공부해도 실력이 제자리인 것 같은 느낌을 받는 거죠. 실력이 변하지 않는다고 좌절하는 학생들에게 저는 항상 그 학생의 가장 첫 녹음 파일을 들려주곤 해요.

"제가 이랬어요?"

"실력은 분명히 늘고 있어요. 자신을 믿고 끝까지 하세요. 힘들 땐 조금만 해도 괜찮아요. 하지만 난 반드시 해낼 수 있다고 믿으세요. 그래야 꿈꾸는 바가 이루어져요."

지금 실력이 늘지 않아 좌절하고 있다면 혹시 나의 기대치와 현실 사이의 갭이 너무 크지는 않은지 생각해 보세요. 실현 가능한 목표를 세우고 그러한 목표들을 하나씩 성취해 가면서 현실과 이상의 간격을 좁혀 나가 보세요. '오늘 하루 종일 영어 뉴스를 들을 거야.' 같은 무리한 목표보다 '오늘은 이 기사 하나만 제대로 파악해야지. 오전에는 단어 정리를 하고, 오후에는 기사를 소리 내서 세 번 읽어야지.'와 같은 실현 가능한 목표를 세워 보세요. 그렇게 해야 작은 성취감을 느끼며 끝까지 해낼 수 있답니다. 영어 공부는 단거리 경주가 아니라 장거리 경주예요. 시작부터 전속력을 내서 달리다 보면 결승점에 도달하기 전에 지레 지쳐 경기를 포기하게 될 거예요.

낯선 땅 호주에서, 심지어 영어를 모국어로 사용하는 명문대 로스쿨 대학생들 사이에서, 영어 때문에 학업 포기를 고민하던 한 아이의 엄마였던 그녀는 그래서 어떻게 되었냐고요? 지금은 두 아이의 엄마가 되었고, 만삭의 몸으로도 수업을 들으며 졸업까지 무사히 치른 그녀는 현재 호주 최고의 로펌에서 변호사로 활동하고 있습니다. 누가 봐도 험난한 여정이었지만 그녀는 주어진 현실에 최선을 다하고, 꿈꾸던 모습에 가까워지려고 조금씩 노력했습니다. 때로는 마음만큼 따라 주지 않는 실력과 상황에 좌절하며 포기하고 싶은 순간도 있었지만, 마음속에 한 가지만 오롯이 새겼어요.

"Life is not a sprint, but a marathon."
인생은 단거리 경주가 아니라, 마라톤이야.

내 귀에 몰드
(feat. 인토네이션의 중요성)

모 기업 인사팀에서 인하우스 통역사로 근무하던 시절, 화가 잔뜩 난 한 인도인 개발자가 제 책상을 향해 걸어오고 있었습니다.

개발자 "줄리아 아니뚜똑뚜유."

갱미몬 "What can I help you?"

개발자 "콤패니 디든컴팬세이뜨 마이 쌜러리~이이~."

갱미몬 "Sorry. I am afraid I didn't get you. Could you say that again?"

개발자 "줄리아 유니뚜 리쓴뚜미~이~~~콤패니 슈드 김미 모얼머니~이~."

인도인 개발자가 회사에 돈을 청구하는 상황인 것 같았지만 무엇을 요구하는 건지 정확히 알 수가 없었어요. 저를 더욱 혼란스럽게 했던 건 인도인 특유의 인토네이션(intonation, 음의 높낮이)이었죠. 발음이야 나라마다 스타일이 다르기 때문에 충분히 유추할 수 있었지만, 인도인 개발자의 인토네이션은 알아들을 수 없는, 완전히 다른 세상의 인토네이션이었거든요.

통역사로 일하면서 다양한 국가의 영어를 접하게 되는데, 그러한 경험을 통해서 국가마다, 사람마다 다른 인토네이션을 구사한다는 사실을 알게 되었습니다. 이렇게 인토네이션이 달라지는 것은 귀와 밀접한 연관이 있어요. '수적석천(水滴石穿)'이라는 사자성어가 있죠? 작고 연약한 물방울이라도 끊임없이 떨어지면 결국 바위를 뚫는다는 뜻인데요. 바위를 뚫는 물방울처럼 우리의 귀도 마찬가지랍니다. 어떤 영어에 얼마나 노출되느냐에 따라 우리 귓속에는 물방울이 지나간 자리처럼 고유의 몰드(mold, 틀)가 생기게 되죠.

인토네이션을 심박수 모니터에 뜨는 선에 빗대어 본다면 원어민의 인토네이션은 건강하게 팔딱팔딱 뛰는 심장 박동이라고 할 수 있고, 한국인의 인토네이션은 미미하게 뛰는 아주 약한 심장 박동이라고 할 수 있습니다. 한국인이 한국어를 할 때처럼 단조로운 톤으로 영어를 하면 원어민은 그 영어를 알아듣는 데 상당한 피로감을 느끼죠.

학생들에게 인토네이션을 살려서 영어로 말하라고 하면 대부분 목소리를 크게 하거나 작게 합니다. 하지만 인토네이션은 볼륨의 크고 작음이 아니라 음의 높고 낮음이에요. 그래서 저는 학생들이 영어로 말할 때면 앱을 사용해서 학생들의 인토네이션을 직접 눈으로 확인하게 합니다. 인토네이션의 원리를 이해하지 못하거나, 이해는 했지만 큰 소리로 담벼락을 넘어가는 소리를 내기가 부끄러운 학생들은 음역대가 보통 50Hz~200Hz에서 움직여요. 음역대가 낮기 때문에 파동 또한 발생하지 않아 뚜렷하게 인토네이션 라인이 그려지지 않기도 하죠. 하지만 인토네이션의 원리를 이해한 다음, 배에 힘을 딱! 주고 성대를 써서 말하는 경우에는 200Hz~400Hz까지 올라간답니다.

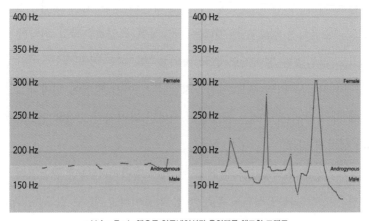

▲ Voice Tools 앱으로 인토네이션과 음역대를 체크한 그래프

여러분도 앱을 통해 자신의 인토네이션과 음역대를 한번 체크해 보세요. 영어 음의 높낮이를 살려 제대로 말하기 위해서는 인토네이션이 만들어지는 원리를 아는 것이 중요합니다. 인토네이션을 만들기 위해서는 내용어와 기능어에 대한 개념을 이해해야 해요.

문장에서 핵심적인 메시지를 담고 있는 것들을 '내용어(Content Words)'라고 하고 이러한 내용어를 기능적으로 돕는 것들을 '기능어(Function Words)'라고 합니다.

일반적으로 명사, 동사, 형용사, 부사를 내용어라고 하는데요. Wh-의문사와 부정어(no, not, can't)도 내용어에 포함됩니다. 내용어는 소리가 1) 세고 2) 비교적 천천히 발음하고 3) 쉬어 가는 특징을 갖고 있어요. 기능어로는 주로 조동사, 접속사, 관사, 대명사, 전치사 등이 있답니다. 이들은 소리가 1) 뭉치고 2) 빠르고 3) 낮은 특징을 갖고 있어요. 영어 문장에는 내용어와 기능어가 섞여 있는데, 기능어가 차지하는 비중이 매우 높죠. 기능어들끼리는 뭉치면서 소리가 빠르게 휘리릭 지나가는데요. 이렇게 빠르게 지나가는 부분들은 너무 신경 쓰지 않아도 된답니다. 뜻을 파악하는 데 큰 문제가 없거든요. 그럼, 내용어의 종류를 머릿속에 한 번에 넣을 수 있도록 쉽게 설명해 드릴게요.

명(사) 동(사) 형(용사) 부(사) 의문(사) 부정(어) → **명동형부 의문부정**

명동에 사는 **형부**는 용돈을 많이 줘서 나에게 아주 중요한 사람인데, 너무 많은 돈을 주다 보니 어느 날 **의문**이 드는 거예요. 알고 보니 형부가 명동 뒷골목에서 **부정**적인 일을 하면서 돈을 벌었던 거였어요.

이 방법으로 내용어의 종류를 머리에 넣고, 내용어에 해당하지 않는 것들을 기능어로 분류해서 공부하면 내용어와 기능어에 대한 개념을 좀 더 빠르게 익힐 수 있을 거예요.

자, 그럼 이번에는 실제로 내용어와 기능어를 이용해서 어떻게 인토네이션이 만들어지는지 한번 살펴볼까요?

다음 문장에서 내용어에 형광펜을 칠해 보세요.

1. I am happy to see you.

2. Would you like tea?

3. Would you like a cup of tea?

4. Are you going to see her tomorrow?

5. Are we going to have a class on Thursday?

내용어는 올려 주고, 기능어는 낮춰 주어, 인토네이션 라인을 만들어보세요.

1. I am happy to see you.
2. Would you like tea?
3. Would you like a cup of tea?
4. Are you going to see her tomorrow?
5. Are we going to have a class on Thursday?

크게 중요하지 않은 기능어에는 에너지를 덜 써서 소리를 뭉치거나 작게 소리 내고, 중요한 포인트가 되는 내용어에서 에너지를 집중적으로 쓰면서 큰 소리로 전달하는 거예요. 이 원리를 이해하게 되면 문장에서 어떤 부분에 집중할지 전략이 서기 때문에 앞으로 영어로 말하는 데 있어서뿐만 아니라 듣는 능력도 자연스레 향상될 수 있어요!

원어민의 관점으로 바라보기

학생들을 처음 만나면 저는 항상 다섯 개의 단어를 칠판에 적습니다. 그리고 이렇게 말하죠. "칠판에 적힌 다섯 개의 단어를 자유롭게 그림으로 그려 주세요."

기린 개미 토끼 사자 나

* 여러분도 재미 삼아 한번 그려 보세요.

학생들은 '영어 시간에 왜 갑자기 그림을 그리라고 하지?' 하고 의아한 눈빛으로 그림을 그리기 시작합니다. 제가 학생들에게 다짜고짜 그림을 그리라고 한 이유는 무엇일까요? 그 이유는 그림을 통해 그 사람의 세계

관을 엿볼 수 있고, 더 나아가 영어적 사고를 하고 있는지 아닌지를 알 수 있기 때문입니다.

만약 내가 그린 그림이 A와 비슷하다면 서양인의 사고방식에 가깝다고 볼 수 있어요. A를 자세히 보면 나를 중심으로 동물들이 원형을 이루고 있는데요. 힘의 세기에 따라 동물들의 크기나 위치가 달라지지 않았다는 걸 알 수 있죠. 서양인들은 사물 사이의 관계보다는 사물을 각각의 독립체라고 인식하는 경향이 있기 때문이에요.

만약 내가 그린 그림이 B나 C와 비슷하다면 나의 사고는 동양인의 사고에 가깝다고 볼 수 있답니다. B는 나열된 단어를 순서대로 그린 게 그림에서 느껴지고 힘의 세기에 따라 크기와 위치가 다른 걸 알 수 있죠. C는 그림에서 위계질서가 확연히 드러나는 모습을 보이고 있어요. 사물을 각각의 독립된 개체로 인식하기보다는 사물 간의 관계에 더 중점을 두고 상하관계를 중요하게 여기는 동양인의 특징 때문이에요.

15년 동안 똑같은 그림을 학생들에게 그리게 시켰는데, 약 95% 이상이 B나 C의 형태를 보였습니다. A처럼 그린 학생들은 세 가지 유형으로 나뉘는데, 첫 번째는 어렸을 때 영어권에 거주한 경험이 있는 학생, 두 번째는 미드를 자주 시청한 학생, 마지막은 학창 시절에 문법이나 독해를 그다지 열심히 하지 않았던 학생이었습니다. 이 학생들은 실제 수업에서도 B나 C 그림을 그린 학생들보다 훨씬 뛰어난 학습 성취를 보였어요. 영어를 학습이 아닌 '체득'으로, 문법이나 독해 위주가 아닌 하나의 '언어'로 받아들였기 때문이죠. 반면 동양인의 사고에 가까운 학생들은 하나의 표현을 배우면 그 표현이 문법적으로 왜 그렇게 되는지 이해하려고 애를 썼습니다. 학창 시절에 배웠던 어려운 문법 용어를 떠올리며, 이 문장이 왜 이렇게 만들어졌는지를 문법이라는 틀 안에 끼워 넣으려고 하더라고요. 영어를 소리 내서 말할 때도 독특한 자신만의 발음과 인토네이션으로 영어를 구사했기 때문에 소리를 교정하는 데에도 훨씬 더 오랜 시간이 걸렸습니다.

이 결과가 시사하는 바는 '한국에서 열심히 영어 공부를 한 학생들에게는 기존에 배운 과도한 문법 지식과 독해 스킬, 자신도 모르게 젖어 든 동양권의 문화가 영어 회화를 배우는 데 방해 요소가 된다'는 거였어요. 참 슬프죠. 그저 열심히 한 죄밖에 없는데…. 영어 회화를 잘하기 위해서는 생각보다 단어나 문법 지식이 많이 필요하지 않습니다. 다시 아기가 되었다고 생각하고 귀부터 단련시킨 다음, 옹알이하듯이 수없이 영어를 반복하면 돼요.

'아, 그렇구나. 이제 나는 아기라고 생각하고 열심히 듣고 따라 말해야

겠구나.' 이렇게 마음을 먹은 게 첫 단추라면, 그다음 단계는 '어떤 영어에 노출되느냐'입니다. 제가 어렸을 때만 해도 한국에서 영어를 접하려면 학교에서 듣는 영어 수업과 오성식 영어 테이프밖에 없었어요. 그 시절에는 원어민이 사용하는 영어를 익힐 수 있는 기회가 제한되었죠. 하지만 지금은 핸드폰만 켜면 원어민의 영어를 24시간 접할 수 있습니다. 인터넷, 유튜브, OTT 서비스라는 새로운 세계가 열리면서 온 우주가 나의 영어 공부를 돕고 있는 셈이에요.

영화, 드라마, 토크쇼, 유튜브, 브이로그 등 다양한 콘텐츠를 시청하세요. 영어 학습에 필요한 기본적인 커리큘럼에 충실하되, 잡식은 계속되어야 합니다. 저 같은 경우는 '패턴 영어 - 《Grammar in Use》 정독 - 1시간 30분 분량의 연설문 딕테이션 - 암기 - 연설'의 커리큘럼을 짜서 공부했어요. 이를 바탕으로 하루에 조금씩 자투리 시간을 활용해서 미드, 영화, 영자 신문 보기, 영어 라디오 듣기 등 다양한 콘텐츠에 노출되려고 노력했답니다.

패턴 영어나 문법, 딕테이션이 영어의 뼈대를 세우는 과정이었다면 살을 붙이는 과정은 바로 이 잡식에 있습니다. 이 과정에서 자연스럽게 원어민들이 사용하는 표현과 사고방식을 익힐수 있죠.

'영어는 한국어와는 다르게 사물도 주어가 될 수 있다'라는 개념을 문법책에서 익혔다고 가정해 보겠습니다. 이렇게 외운 지식을 영어 회화

에 적용하기란 여간 어려운 일이 아니에요. 하지만 반대로 〈CSI〉라는 미드에서 이런 문장을 듣게 되었습니다. "All the evidence says he's the killer.(모든 증거가 그가 살인자임을 말하고 있다.)" '아! 이렇게 evidence 가 주어가 될 수도 있는 거구나!' 다양한 콘텐츠를 통해서 원어민이 실제로 하는 말을 듣고, 깨닫고, 스스로 개념을 정리하면 훨씬 더 효과적으로 영어를 머리에 남길 수 있어요. 해외에서 태어나거나 어렸을 적부터 해외에서 거주했다면 원어민식 사고가 익숙하겠지만, 한국에서 태어나고 자란 우리가 원어민식 사고를 갖기 위해서는 부단한 노력이 필요하답니다. 그래서 형태를 불문하고 다양한 영어 콘텐츠에 노출되는 것(잡식)이 꼭 필요한 거고요.

그럼 이 '잡식'에 대해서는 다음 장에서 조금 더 심도 있게 다뤄보도록 할게요.

#4
잡식은 계속되어야 한다

패턴 영어로 영어의 뼈대를 세운 다음, 잡식을 하는 것(미드, 영화, 뉴스 등 다양한 콘텐츠에 노출되는 것)이 가장 빨리 영어 회화를 할 수 있는 지름길이라고 앞서 말씀드렸습니다. 그렇다면, 어떻게 효과적으로 잡식을 할 수 있을까요?

그 방법은 바로 미드뿐만 아니라 다양한 TV쇼, 라디오, 심지어 과자에 적혀 있는 성분표까지 물불 가리지 않고 다양하게 즐기는 거예요. 수입 과자에 적혀 있는 성분표를 보면서 '아, '성분'은 ingredient라고 하는구나.' 이렇게 깨달으면 되는 것이죠.

지나가다가 보이는 간판에 적힌 영어를 보고 'fine dining? 저게 뭐지? 아, '고급 식당'을 의미하는 거구나. fine은 'Fine, thank you!' 할 때만 쓰

는 줄 알았는데 '고급스러운'이라는 뜻도 있구나.'

외국인 친구가 보낸 메시지에 적혀 있는 BTW를 보고 'BTW가 뭐지? BMW를 잘못 적은 건가? 인터넷에서 한번 찾아봐야지. 아, BTW는 'By The Way'의 약어구나.'

이렇게 우리 주위의 모든 영어에 호기심을 갖고 항상 적극적으로 찾아보려는 노력을 기울여야 해요. 저 같은 경우는 호주에 처음 워킹홀리데이를 하러 갔을 때, 어학원에 다닐 돈이 없어서 마트며 약국이며 영화관이며 수첩 하나만 들고 가서 약국에 있는 약 이름을 적어서 집에 가서 찾아보고, 마트 정육 코너에 가서 고기 이름, 부위를 적어 오기도 했답니다. 그렇게 저만의 단어장을 만들어 나간 것이죠.

이렇듯 학교나 어학원에서 배우는 영어만이 영어는 아니에요. 우리 주변에 있는 모든 것들이 좋은 학습 콘텐츠가 될 수 있습니다. 특정 드라마만 가지고 영어 공부를 하거나 특정 영역에만 집중해서 공부하게 되면 학습의 불균형이 일어날 뿐만 아니라, 가장 중요한 '흥미'를 잃어버리게 됩니다. 마치 '영어라는 세상을 탐시하는 담험가'처럼 하루하루 새로운 세상을 발견하는 재미에 푹 빠져 보세요.

이러한 잡식은 여러분이 영어 공부를 하는 여정 동안 계속되어야 합니다. 인스타그램을 보면서 시간을 보낼 때도 연예인이나 짤을 보는 시간을 조금 줄이고 '#영어 표현'이라고 검색해서 해당 해시태그를 구독해 보세요. 그러면 전국에서 수많은 영어 학원, 영어 선생님들이 매일 올려 주는 따끈따끈한 영어 표현들을 가볍게 익힐 수 있습니다. 또 유튜브는 전국 및 해외의 뛰어난 선생님들의 강의를 무료로 볼 수 있는 최고의 플랫폼이에요.

하지만 한 가지 주의할 점은 현재 자신의 레벨에 맞는 콘텐츠를 잘 찾아서 시청하는 것이 중요한데요. 레벨별 추천 유튜브 콘텐츠는 도서 말미에서 자세하게 다룰 예정이니 참고하셔서 자신의 실력에 맞는 콘텐츠로 유튜브를 활용해 보시길 권장해 드립니다.

자투리 시간들을 이렇게 촘촘하게 영어 중심으로 바꾸기 시작하면, 이 작은 시간과 노력이 쌓여서 어느새 엄청난 자양분이 되어 있을 거예요. 이때 가장 중요한 것은 바로 '기록하기'인데요. 단순히 보기만 하고 지나치는 것은 학습 효과가 낮습니다. 반드시 그날 공부한 내용은 이렇게 한 손에 들어오는 크기의 수첩에 예문과 함께 적고, 입으로 중얼거려 보는 게 중요해요.

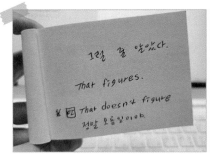 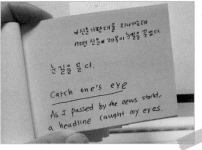

▲ 나만의 '기록하기' 노하우

그리고 한 단계 더 나아가서 정보의 생산자가 되어 보는 것도 큰 도움이 될 거예요. 저는 매일 확실하게 알고 싶은 표현이나 평소에 궁금했던 표현들, 헷갈렸던 표현들을 하루에 하나씩 정해서 매일 인스타그램에 올리고 있습니다. 정보를 소비하는 것보다 생산하게 되면 알고 있던 정보도 다시 한번 꼼꼼하게 확인할 수밖에 없고, 그 과정에서 단순히 알고만 있던 지식이 활용 가능한 실용적인 지식으로 변하게 된답니다.

어떤 일에 전문가가 된 사람들을 보면, 아주 오랜 기간 동안 한 분야에 관심을 두고 집요할 만큼 그 분야를 판 사람들이 많습니다. 유명한 프랑스의 곤충학자 파브르(Jean Henri

▲ 매일 영어 표현을 알려 주는 인스타그램 @ 'acupofenglish_flyer'

Fabre, 1823~1915)는 어렸을 때부터 호기심이 많아서 다양한 곤충들을 관찰하고 수집하는 것을 좋아했어요. 그런 그의 곁에는 멘토 모캥 탕동 교수가 있었습니다. 교수는 파브르에게 '새로운 것을 발견하는 즐거움'을 가르쳐 주었고, 파브르는 교수의 가르침을 바탕으로 50세에 시작해 92세까지 총 10권에 달하는 곤충기를 완성했죠. 이렇게 한 분야에서 오랫동안 애정을 가지고 새로운 것을 발견하는 사람들은 남을 뛰어넘어 위대한 단계로 스스로를 성장시킵니다.

지금 꼬물꼬물하고 있는 공부가
언젠가 당신의 인생을
놀랍게 발전시킬 거예요.

5

영어 학원 다닌 지 꽤 됐는데
실력이 제지리예요

어느 날 한 학생이 이런 말을 하더군요.

"선생님, 영어 공부에 슬럼프가 찾아왔나 봐요. 수업도 열심히 듣고 과제도 열심히 하는데 실력이 제자리인 것 같아요. 팍팍 말하고 싶은데 더듬거리게 되고, 뜻대로 되지 않아 포기하고 싶어져요."

"영어 공부를 제대로 시작한 지 얼마나 됐지?"

"학원 등록한 지 두 달쯤 됐으니까… 두 달이요."

이 학생은 학창 시절에 수영 선수로 활동하다가 성인이 되어 모델 일을 하던 친구로, 거의 백지상태에서 영어를 배우고 있었습니다. 이 학생의 이야기를 듣고 학생들이 영어 공부에 대해 갖고 있는 역치(생물체가 자극에 대한 반응을 일으키는 데 필요한 최소한도의 자극의 세기를 나타내는 수치)가 얼마나 낮은지를 알 수 있었어요.

"운동을 오래 해 봐서 잘 알 거예요. 수영을 처음 배울 때는 물에 뜨는 법부터 배운 다음 자유형, 배영, 평영, 접영의 순서로 차근차근 실력을 쌓아 가잖아요. 처음부터 접영을 가르쳐 주는 강사도, 처음부터 접영이 가능한 학생도 없죠. 기초부터 조금씩 기술을 연마하고 충분한 연습량에 도달했을 때 임계치를 넘는 경험을 할 수 있는 것처럼 영어도 똑같아요. 영어로 말을 하는 것은 읽기, 듣기보다 훨씬 많은 공부와 노력이 필요한 영역이라서, 절대 하루아침에 완성되지 않죠. 차근차근 단계를 밟고 임계치에 다다르기 위한 충분한 시간을 투자해야만 말을 할 수 있게 된답니다."

"선생님 그렇게 말씀해 주시니 제 생각이 얼마나 짧았는지 알게 되었어요. 저는 물에 뜨지도 못하는데 접영을 하려고 한 거네요."

저도 영어 공부를 처음 시작하고 두 달째가 되었을 무렵에는 library의 철자도 제대로 쓰지 못했답니다. 모든 언어를 처음 배울 때는 단어의 철자를 외우는 것도 쉽지 않기 때문에 이 단계에서는 영어 말하기를 논할 수가 없어요. 하지만 우리의 목표는 항상 '영어로 술술 말하고 싶다!'죠. 영어로 말을 잘하기 위해 필요한 수많은 중간 단계를 잊고 말이에요. 어쩌면 외면하고 싶은 것일 수도 있어요. 저는 영어 회화를 처음 시작할 때 목표가 '에세이에서 빨간 줄을 없애겠어!'였다고 앞서 말씀드렸어요. 물론 영어를 원어민처럼 잘하고 싶다는 마음은 항상 가슴속에 담고 있는 가장 원대한 꿈이지만, 현재 수준에 맞는 목표를 세워 그 목표를 하나씩 달성해 나가야 꾸준히 다음 단계, 그다음 단계로 나아갈 수 있답니다.

영어를 거의 처음부터 다시 시작하는 분들은 이 과정만 제대로 학습해 새로운 마음가짐으로! 다시 처음부터 영어 시작하기!

1. 알파벳
2. 기본 단어 익히기
3. 패턴 익히기 (문법을 병행하면 시너지)
4. 복잡한 문장 익히기 (의문문, 복문, 관계사절, 부사를 첨가한 문장)
5. 끝없는 듣기와 말하기 훈련

도 어느 정도까지 수준을 올릴 수 있을 거예요. 처음에는 어렴풋이 해당 언어의 구조가 잡힐 것이고 곧 쓸 수 있게 될 겁니다. 쓸 수 있다는 것은 곧 말을 할 수 있음을 의미하는데, 학습량에 따라 유창함과 발화 속도에서 차이를 보이게 될 거예요. 영어 공부를 꽤 한 학생이 이런 고민을 토로한 적이 있습니다.

"선생님, 저는 어렸을 때 조기 교육도 받고 영어를 꽤 한다고 생각했는데 외국계 기업에선 워낙 다들 잘하다 보니 상대적으로 위축되어 영어로 말하는 능력이 점점 떨어지는 것 같아요. 그래서 요즘은 회의할 때 궁금한게 있으면 하고 싶은 말을 적어 놨다가 번역기를 돌려서 읽는 식으로 제 의사를 전달해요."

이 학생의 경우, 기본적인 패턴을 활용하여 말하는 데에는 무리가 없지만 문장이 복잡해지면 영어로 말하는 걸 힘들어했습니다. 평소에 미국 드라마나 영화를 꽤 시청하는데도 말을 하려면 버벅거리는 자신을 발견하게 되었던 거죠. 이런 현상이 일어나는 원인은 첫째, 심리적인 요인이 가장 크다고 할 수 있습니다. 하지만 학습 방법적인 측면에서 보면, 탄탄하게 영어 실력을 쌓아 올리지 않은 상태에서 input을 계속 넣었기 때문에 부실 공사처럼 되어 버린 거예요. 그래서 자신감 있게 영어로 말할 수 없는 증상을 갖게 된 거죠.

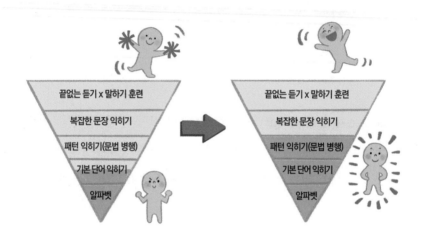

앞서 말씀드린 다섯 개의 단계 중 부족한 부분이 있어도 영어로 말을 할 수는 있습니다. 하지만 생각하는 것들을 정확하고 자연스럽게 바로바로 말할 수 있으려면 반드시 저 다섯 단계를 순차적으로 학습해야 하고, 절대적인 학습량이 필요합니다.

만약 지금 영어 때문에 답답하고 이상과 현실 사이의 괴리 때문에 괴롭다면, 객관적으로 자신을 평가해 보세요. '나는 과연 복잡한 문장을 거침

없이 영어로 말할 수 있는가?' 만약 그 대답이 'No'라면 차근차근 튼튼한 건물을 지어 올린다고 생각하고 영어 실력을 쌓아 보세요. 아기 돼지 삼형제 중 막내가 집을 짓는 데 제일 많은 시간이 걸렸지만 가장 튼튼한 집을 만들었던 것처럼, 노력한 시간은 절대 배신하지 않습니다.

"Haste makes waste."
서두르면 일을 그르친다.

6

140년 전 뒤바뀐
우리의 운명

영어 공부를 포기했을 때가 아마 중학교에서 동사를 배울 때였던 것 같 아요. 지각동사, 감정동사, 왕래발착동사, 사역동사…. 뭔 놈의 동사가 이 리도 많은 건지, 그리고 영어보다 한국이가 왜 더 어려운 건지 이해가 되 지 않았어요. 우리는 왜 이렇게 어렵게 영어를 배워야만 했을까요?

그 이유를 찾기 위해서는 140년 전의 역사로 거슬러 올라가야 합니다. 1882년, 조선은 서구와 최초로 조미수호통상조약이라는 근대적 조약을 맺게 됩니다. 조약 체결 이후 당대 최고의 지식인들로 구성된 보빙사를 미 국으로 파견하게 되는데, 보빙사 일행은 미국의 선진 문화에 몹시 큰 충 격을 받고 고국으로 돌아오면서 조선을 부강하게 만들기 위해서는 영어를 배워야 한다는 신념을 갖게 됩니다.

그 후 1908년, 지석영, 전용규 선생은 정약용 선생이 아동의 한자 학습을 위해 집필한 저서 《아학편》에 영어, 일본어, 중국어 독음을 추가해 재구성했습니다. 《아학편》에 적힌 내용을 보면 놀랍도록 영어의 발음과 소리에 집중했다는 걸 알 수 있어요.

▲《아학편》

우리를 항상 혼란에 빠뜨리는 r과 l 발음도 《아학편》을 보면 비교적 쉽게 발음할 수 있는데요. 이처럼 《아학편》에는 발음하기 어려운 단어들을 쉽고 정확하게 발음할 수 있는 팁이 많습니다.

rice [으라이쓰]

learn [을러언]

r 발음을 할 때 앞에 [으] 소리를 살짝 넣어 주면 혀가 뒤로 자연스럽게 말리게 됩니다. l 발음은 앞에 [을]이라는 소리를 넣어 주면 자연스럽게 혀끝이 앞니 뒤에 위치하게 되고요. 이렇게 소리에 중점을 두었던 조선의 초기 영어 교육은 어쩌다 지금의 문법과 독해 위주의 교육으로 바뀌게 된 걸까요?

보빙사로 파견을 갔다 온 지식인들이 영어 교육 기관 설립에 대한 건의를 했고, 이를 계기로 육영공원이 설립되었습니다. 당시 황제였던 고종은 영어 교육에 대한 의지와 열망을 가지고 있었고, 육영공원에 투자와 지원을 아끼지 않았습니다. 미국 교사를 초빙해 영어뿐 아니라 과학, 수학까지 모두 영어로 수업하였고, 미국인 교사 1인당 통역사 3명을 배치할 정도였으니까요. 당시 영어 교육에 대한 관심은 지금 한국 사회의 그것 못지않게 뜨거웠어요.

▲ 육영공원의 초기 수업 장면

하지만 1910년 경술국치 이후 이러한 교육 기관의 교사들이 모두 일본 교사들로 대체됩니다. 원어민에게 직접 소리로 배우던 이전과는 다르게 문법 위주의 영어 교육을 하게 된 것이죠.

초등학교에서 대학교까지 합치면 20년에 가까운 시간 동안 영어 공부를 하고도 여전히 영어로 말 한마디 못하는 이유는 말하기 위주의 교육이 아닌 문법, 독해 위주의 영어 교육에서 비롯된 건 아닌지 생각하게 됩니다. 그래도 다행인 건 요즘엔 영어를 소리로 접할 기회가 참 많아졌다는 겁니다. 다만 한 가지 아쉬운 점은 영·유아나 초등학생 대상의 영어 교육은 회화 위주의 교육이 많아졌지만, 중학교 진학 후에는 다시 문법과 독해에 치중한 입시 영어 위주로 회귀한다는 점이에요.

입시 위주의 영어 교육을 받고 대학에 입학하면 또 토익과 같은, 취업을 위한 영어 공부를 하게 됩니다. 그렇게 취업을 한 우리에게 회사는 다짜고짜 영어 프레젠테이션, 콘퍼런스, 해외 출장이라는 난이도 높은 미션을 요구합니다. 마치 갓 태어난 아기에게 TED 연설을 시키는 어처구니없는 상황이 벌어지는 거죠.

중·고등학교 교과 과정은 입시와 내신이라는 거대한 양대 산맥을 중심으로 흘러가고 있습니다. 중학교에서만이라도 회화 위주의 영어를 배울 수 있다면 이 악순환의 고리를 끊을 수 있을 거라고 생각해요. 140년 전 이 땅에 뿌리 내린 문법 위주의 영어 교육을 올바르게 바꿀 수 있는 열쇠는 결국, 다시 '교육'에 있다고 믿습니다.

7

우리는 소리로 영어를
배운 적이 없습니다

영어를 공용어 또는 제2외국어로 채택해서 사용하는 국가는 130개국입니다. 여기에서 미국, 캐나다, 영국, 호주를 제외하면 120개 이상의 국가가 영어를 제2외국어로 익히거나 공용어로 사용한다는 의미가 되겠죠. 이 말은 곧 어떤 의미로 이해할 수 있을까요?

생각보다 영어를 모국어로 배워서 사용하는 사람들이 많지 않으니 겁먹을 것 없다는 의미로 이해해도 될 것 같아요. 한국은 어느 나라보다도 영어에 대한 교육열이 높고 교육 인프라가 좋은 나라임에도, 영어에 대한 두려움이 여타 나라에 비해 매우 높은 편이죠. 무엇이 우리를 이토록 영어 앞에서 긴장하게 만드는 걸까요?

한국 학습자는 유독 완벽한 문법에 집착합니다. 정작 중요한 건 문법보다 정확하고 자연스러운 의사 전달에 있는데도 말이죠. 앞서 말씀드렸듯이, 우리가 영어를 배운 환경은 말하는 영어보다는 글로 된 영어에 가까웠습니다. 제가 기억하는 한국에서 처음 배운 영어는 어쩌면 언어라기보다는 수학 공식에 가까웠어요. 예로, 문장의 형식에는 1형식, 2형식, 3형식, 4형식, 5형식이 있는데, 1형식은 S주어+V술어, 5형식은 S주어+V술어+O목적어 +O·C목적보어입니다.

예일대 윌리엄 A. 반스 박사[1] (William A. Vance)는 다양한 아시아계 학생들에게 영어를 지도한 뒤 한 가지 사실을 발견했습니다. 한국인들의 영어는 집중해서 듣지 않으면 이해하기가 쉽지 않다는 사실이었는데요. 완벽한 문법으로 영어를 했음에도 원어민의 귀에는 한국인의 영어가 자연스럽게 꽂히지 않고 마치 방지턱에 걸리는 것처럼 듣는 사람의 피로도를 높인다는 것이었어요. 또한, 한국인은 영어로 말을 할 때 목소리가 드라마틱하게 낮거나 높아지지 않고 단조로운 톤으로 말하기 때문에 원어민의 귀에는 한국인의 영어가 잘 들리지 않는 것이죠. 이러한 현상은 왜 일어나는 걸까요?

기본적으로 한국어는 저음과 고음을 넘나드는 언어가 아니라서 다소 단조로운 음역대를 가지고 있습니다. 이 때문에 영어를 한국어처럼 말하면

---

1 윌리엄 A. 반스(William A. Vance) 박사: 시카고 대학교 졸업 후, 예일 대학교 대학원에서 언어학박사를 취득하고, 현재 예일 대학교 비즈니스 스쿨 커뮤니케이션 센터장으로서 비즈니스 커뮤니케이션, 비교언어학 등을 가르치고 있다. 《포춘(Fortune)》지 선정 500대 기업 및 연구 기관, 국제기관의 클라이언트들에게 성공을 이끄는 영어 커뮤니케이션을 지도하며, 정치인을 위한 미디어 인터뷰 코칭에도 정평이 나 있다.

영어답게 들리지 않는 거예요.

우리가 영어를 할 때 긴장하는 두 번째 이유는 우리가 한 번도 소리로 영어를 배워 본 적이 없기 때문입니다. 저를 찾아온 많은 학생들 중 대부분은 죄책감을 느끼고 있었어요.

"선생님, 저는 사실 토익 점수가 900점이 넘는데 영어로 말하는 게 너무 두려워요."

"선생님, 서 사실 부끄러워시 말씀을 못 드렸는데 영문과 나왔어요."

"선생님, 솔직히 말씀드리면 전 학교에서 영어를 가르치고 있어요. 직업을 말씀드릴지 말지 정말 고민을 많이 했어요."

토익 점수가 높다고 해서 영어 회화를 잘할 수 있을까요? 영문과 학생들은 졸업할 때쯤이면 누구나 영어로 프리 토킹을 쉽게 할 수 있을까요? 영어 교사면 영어를 완벽하게 구사할 수 있을까요?

토익 고득점을 받는 것, 영문학을 전공하는 것, 영어 교사가 되는 것, 이 세 가지를 이뤘다고 해서 영어 회화가 저절로 따라오는 것은 아닙니다. 토익 학원에서 죽어라 문제 유형을 판다면 토익 고득점은 충분히 가능하고, 영문학을 전공할 수 있었던 건 영어 회화 실력 때문이 아니라 수능 점수 때문이었을 것이고, 영어 교사가 되기 위한 임용고시 또한 회화보다는 이론에 초점이 맞춰진 시험이었을 거예요. 아무리 토익 점수가 높고 영어를 전공했다고 해도, 대부분 성인이 되어서야 제대로 된 영어 회화를 공부하기 때문에 지금 나를 짓누르고 있는 것들을 내려놓아도 괜찮습니다.

만약 여러분이 운이 좋아서 소리로 자연스럽게 영어를 배웠다면 첫 단추를 잘 끼운 것이고, 여전히 문장을 문법 구조에 맞추는 데 급급한 영어를 하고 있다면 제대로 된 영어 회화 공부를 시작조차 하지 못한 것일 수 있어요. 너무 많이 들어서 식상할 수 있는 이야기지만, 아이가 언어를 배우는 원리를 생각하면 간단합니다. 반복적으로 들리는 소리를 웅얼웅얼 따라 하면서 언어를 소리 자체로 받아들이는 거예요. 이렇게 소리를 기반으로 한 영어 회화 훈련이 10,000시간 이상 채워졌을 때, 그때 비로소 영어 회화를 할 수 있는 초석이 마련됐다고 볼 수 있어요.

그동안 내가 어떻게 영어 공부를 했는지, 소리로써 있는 그대로 영어를 받아들이고 따라 말했던 시간이 순수하게 몇 시간인지 곰곰이 생각해 보세요. 여러분의 영어 회화는 지금부터가 시작입니다. 나를 가두는 점수나 전공에 연연하지 말고 정말 있는 그대로의 자신을 바라보세요. 영어 공부를 한 시간이 십 년 이상이 되었는데도 여전히 영어가 들리지 않고 말하지 못하는 건 전혀 부끄러운 일이 아닙니다. '영어를 오래 공부했는데도 여전히 영어로 말하는 게 두려워.'라고 생각하기보다는 이렇게 생각해 보는 거예요.

'나는 도화지 같은 상태이니 무엇이든 그릴 수 있어! 틀리면 좀 어때. 틀리면서 배우는 거지 뭐. 난 내 스타일대로, 내 속도로 영어를 배울 거야. 두고 봐! 언젠가 영어로 멋지게 말하고 있는 매력 터지는 나를 만나게 될 테니까!'

죽어도 안 들리는 이유

우리는 흔히 단어를 몰라서 듣기가 안 된다고 생각하는 경향이 있어요. 단어를 모르면 당연히 들리지 않는 것은 맞습니다. 하지만 생각보다 많은 요소들이 듣기에 영향을 준답니다. 대표적으로 청취를 방해하는 요소가 바로 연음인데요. 나는 분명 한 단어인 줄 알았는데 자세히 들어 보면 여러 개의 단어들이 한꺼번에 뭉쳐져 마치 하나의 단어처럼 착각하게 되는 게 바로 연음이에요. 한 단어씩 또박또박 말해주면 좋으련만 영어는 '효율성(efficiency)'을 중시하는 언어이기 때문에 중요한 단어에 집중하고 그렇지 않은 단어는 뭉치는 경향이 있습니다. 우리 귀에 외계어처럼 들리는 것들 모두 바로 이 '연음'이라는 녀석 때문이랍니다. 연음은 보통 기능어가 내용어의 앞뒤에 붙으면서 소리가 약화되어 뭉치는 현상으로, 2장 '내 귀에 몰드' 편에서 언급되었죠.

또한, 듣기를 방해하는 요소 중에 상당한 영향을 끼침에도 불구하고 많은 사람들이 간과하고 있는 것이 한 가지 더 있는데, 그것은 바로 배경지식입니다. 재미있는 예를 들어 볼게요. 제 학생 중에 의사와 영어 교사가 있었습니다. 이 두 분에게 의학 관련 영상을 보여 주었는데, 연사가 의학 용어 10개를 동시에 나열하는 구간이 있었어요. 그런데 의사인 학생은 이 10개의 단어를 하나도 빠짐없이 모두 완벽하게 들었고, 영어 교사인 학생은 서너 개밖에 듣지 못했어요. 반대로 교육과 관련된 콘텐츠를 들려주었을 때는 의사분이 교육 관련 용어를 반도 알아듣지 못했고, 영어 교사분은 완벽하게 콘텐츠를 이해했답니다.

이 사례에서도 알 수 있듯이 배경지식이 듣기에 끼치는 영향은 지대합니다. 그럼, 이쯤에서 문제 하나 드려 볼까요? 아래 두 단어의 뜻을 생각해 보세요.

bull market

bear market

'황소 시장? 곰 시장? 소를 거래하는 우시장인가? 그럼 곰 시장은? 곰을 사고파는 시장이 있는 건가?'

각 단어의 뜻은 바로 bull market은 '상승장', bear market은 '하락장'입니다.

어째서 bull(황소)이 '상승'을 나타내고, bear(곰)가 '하락'을 나타낼까요?

힌트는 '공격하는 방식'에 있습니다. 황소는 공격할 때 어떻게 공격하죠? 그렇죠. 뿔을 하늘을 향해 올려 공격합니다. 반면 곰은 두 앞발을 아래를 향하게 해서 공격을 하죠.

만약에 이런 배경지식을 모르고 이 두 단어를 외워야 한다면 영어가 정말 따분하고 재미없는 언어처럼 느껴질 거예요.

또 하나의 예를 들어 볼게요. 우리가 '우울해.'
라는 표현을 할 때 'I feel blue.'라고 하죠. blue
는 '우울함'을 나타내는 단어인데, 왜 blue가 우
울함을 나타내는지 생각해 보신 적 있나요? 고
대 그리스 로마 신화에 '제우스'라는 신이 있었
어요. 제우스가 우울할 때 눈물을 흘리면 그 눈물이 비가 되어 지상에 떨어졌다고 해요. 서양인은 이 비의 색을 파랗다고 믿어 왔는데 그래서 비가올 때면 '제우스가 우울하구나'라고 생각하게 된 거죠. blue는 원래 우울한 거라서 '우울해'가 아니라 단어 안에 이런 이야기가 숨겨져 있던 것이었답니다.

또 다른 예로 '해장술'을 들어 볼까요? 숙취가 있을 때 해장술로 숙취를 달래는 문화가 있는데요. 원어민들은 해장술을 영어로 어떻게 표현할까요? 'hangover alcohol'일까요?

영어로 해장술은 'hair of the dog'입니다.

'개털? 이게 무슨 개털 같은 소리지?'라고 생각하실 수 있지만, 서양에서는 오래전에 개에게 물리면 그 개의 털을 잘라 상처 부위에 올려놓았다고 해요. 개에 물린 상처를 자신을 문 개의 털로 치료한다는 원리죠. 마찬가지로, 술을 먹고 탈이 난 데에는 술로 치료한다는 개념으로 해장술을 hair of the dog라고 하게 된 거예요. 일맥상통하는 부분이 있죠?

새로운 단어나 정보를 머릿속에 저장하기 위해서는 단순히 암기만 해서는 안 돼요. 기억을 오래 가져가기 위해서는 다각적인 감각과 채널을 사용해서 정보를 인지하고 습득해야 하죠. 그렇다면 어떻게 이런 배경지식을 쌓을 수 있을까요?

몰랐거나 신기한 표현이 나오면 인터넷에서 의미를 찾아보고 그 유래를 함께 찾아보세요. 어려운 전문 서적을 억지로 읽고 외우는 건 추천하지 않아요. TV를 볼 때 맨날 보던 드라마만 보는 게 아니라 낚시 TV, 종교 TV, 주식 TV, 애니메이션 TV 등 각양각색의 콘셉트의 채널을 한번 시청해 보는 거예요. 가끔 지인들이 하는 일 이야기에 귀를 기울여 보는 것도 좋은 방법입니다. 보험 회사에서 근무하는 친구가 있다면 친구의 일 이야기를 들으면서 평소에 몰랐던 보험 용어에 대해 접하게 되고, 증권 회사에 다니는 친구가 있다면 그 친구로부터 증권가 소식이나 트렌드를 듣게 될 수도 있죠. 미드를 볼 때도 의학 드라마, 정치 드라마 등 다양한 분야의 드라마를 골고루 시청해 보세요. 호기심을 갖고 온갖 분야에 귀를 기울이다 보면 자신도 모르는 사이에 자연스럽게 배경지식이 쌓이게 될 거예요.

9

간단한 연음법칙 몇 개만 알아도
드라마틱하게 변하는 발음

연음이란 문장 속에서 단어와 단어가 덩어리처럼 뭉쳐져 마치 하나의 소리처럼 들리는 것을 말합니다. 영어 듣기를 가장 어렵게 만드는 것도 연음이고, 내 영어 발음이 왠지 구수하게 느껴지는 것도 연음을 제대로 사용하지 않아서이죠. 영어를 듣고 말하기 위해서 연음은 필수적으로 이해해야 하는 개념이랍니다. 그럼, 가장 기본적인 연음법칙들을 살펴볼까요?

1. k, t, p 앞에 [스] 소리가 오면 된소리화 현상이 일어난다.

영어에는 ㄲ, ㄸ, ㅃ 같은 된소리가 유독 많은 걸 알 수 있는데요. k, t, p와 같이 센소리가 나는 자음 앞에 [스] 소리가 나는 s나 ex가 붙어 있으면 된소리가 납니다. 빠르게 발음할 때만 이런 된소리화 현상이 일어나요. 천천히 발음할 때는 원래 발음대로 소리가 나고요.

sky [스카이] Ⓧ → [스까이] ◎

steak [스테이크] Ⓧ → [스떼익] ◎

speak [스피크] Ⓧ → [스삐익] ◎

experience [익스피뤼언쓰] Ⓧ → [익씨쀠뤼언씨] ◎

2. 앞 단어가 자음으로 끝나고 뒤따라 나오는 단어의 첫 스펠링이 모음이
   면 앞의 자음이 뒤에 오는 모음에 붙는다.

stop it [스탑잇] Ⓧ → [스따삣] ◎
* s[스] 소리 뒤에 t가 나왔기 때문에 된소리화

work out [월크아웃] Ⓧ → [월까웃] ◎

wrap up [뤱업] Ⓧ → [뤠뻡] ◎

3. t와 d가 모음과 모음 사이에 끼면 r 소리로 바뀐다.

생긴 건 t와 d인데 실제로는 소리가 ㄹ, ㅈ으로 약화되고 때로는 탈락
돼서 소리가 나지 않는 경우가 있습니다. 생긴 것과 다르게 제소리를 내
지 못해서 아픈 손가락이 된 거죠. 아픈 손가락인 t와 d가 모음 사이에
끼어 있을 때에는 r 소리로 바뀌게 됩니다.

anybody [애니바디] Ⓧ → [애니바리] ◎

pretty [프뤼티] Ⓧ → [프뤼리] ◎
* 자음이 이렇게 연속으로 나와도 한 번만 발음합니다.

t나 d 다음에 r이 따라오면 tr-, dr-이 되어 [츄], [쥬] 소리가 납니다.

tree [트리] ⊗ → [츄뤼] ◎

extra [엑스트라] ⊗ → [엑스츄롸] ◎

dry [드라이] ⊗ → [쥬롸이] ◎

t가 단어의 맨 끝에 나올 경우에는 탈락하고, 살아나도 소리가 아주
약하게 발음된답니다.

department store [디팔트먼트 스토어] ⊗ → [디팔먼스또얼] ◎
* s[스] 소리 뒤에 t가 나왔기 때문에 된소리화

exist [익지스트] ⊗ → [이ㄱ지슷ㅌ] ◎

4. 부사 접미어인 –ly 앞에 나오는 t는 발음하지 않는다.

exactly [이그잭틀리] ⊗ → [이그재끌리] ◎

constantly [콘스탄틀리] ⊗ → [칸스턴리] ◎

recently [뤼센틀리] ⊗ → [뤼쓴리] ◎

5. 동일한 자음이 연속으로 올 경우에는 한 번만 발음한다.

comma [콤마] ⊗ → [카머(마)] ◎

can not [캔낫] ⊗ → [캐낫] ◎

summer [썸머] ⊗ → [써머] ◎

6. 동일하거나 유사한 소리가 나는 단어가 연속으로 나올 때는 한 번만 발음한다.

gas station [가스스테이션] ⊗ → [갯스떼이션] ◎

bus stop [버스스탑] ⊗ → [벗스땁] ◎

* s[스] 소리 뒤에 t가 나왔기 때문에 된소리화

이번 장은 여러 번 반복해서 읽어 보기를 권합니다. 위의 여섯 가지 연음법칙만 확실히 이해해도 발음이 드라마틱하게 좋아진 걸 느낄 수 있을 거예요.

10

청킹의 마법
(feat. 물 흐르듯이 술술 흘러가는 영어의 비결)

앞서 7장에서 예일대 반스 박사는 한국인의 영어가 마치 방지턱에 걸려 계속해서 멈추는 영어 같다고 살짝 언급했었는데요. 이런 방지턱 현상은 왜 발생하게 되는 걸까요?

그 이유는 바로 청킹(chunking)에 있습니다. chunk는 '덩어리'라는 의미가 있어서, 청킹은 의미 단위별로 문장을 끊는 것을 의미합니다. 한국인들은 단어 하나하나를 다 끊기 때문에 문장이 자연스럽게 연결되지 않는 경향이 있어요.

여러분은 다음 문장이 몇 개의 의미 덩어리로 보이시나요?

What are you going to do tomorrow?

혹시 이렇게 발음하지 않으셨나요?

왓 알 유 고잉 투 두 터뭐뤄우
1 2 3 4 5 6 7

방지턱 7개를 넘고 있는 상황입니다. 원어민의 눈에는 이 문장이 3개의 덩어리로 보입니다.

와라유거너 두 터뭐뤄우
1 2 3

방지턱 3개를 넘고 있는 상황, 훨씬 자연스럽게 들리겠죠? 청킹을 잘게 끊을수록 듣는 사람은 피로감을 더 많이 느낄 수밖에 없습니다. 따라서, 의미 덩어리대로 크게 끊어야 듣는 이에게 매끄럽게 메시지를 전달할 수 있습니다. 서너 줄이 넘는 문장을 잘게 끊는다면 방지턱 수십 개를 넘어야 하는 상황이 연출될 거예요. 청킹은 유창성(fluency)과 직결되기 때문에 청킹을 생각하며 영어로 말을 하면 원어민스러운 영어에 가까워질 뿐만 아니라 듣는 이에게 하고 싶은 말을 매력적으로 전달할 수 있습니다. 청킹은 결국 영어 회화를 잘하기 위한 전략이고 훈련해야 하는 하나의 영역인 셈이죠. 영어 회화라는 큰 숲이 있다면 청킹은 하나의 나무인 거예요. 자, 그럼 청킹에 대한 자세한 이야기를 나눠보도록 할까요?

어떤 것들이 청킹이 되나요?
구동사(phrasal verbs), 연어(collocation), 그 외 덩어리로 오랜 시간

자연스럽게 사용되는 표현들(사자성어, 속담 등)이 청킹이 됩니다.

청킹에는 어떤 전략이 있나요?

의미 덩어리로 묶을 수 있는 부분을 자연스럽게 연음으로 발음합니다. 전치사구로 이루어져 있는 구간이나 연어(collocation), 「to부정사 + 동사 + 목적어」, 「주어 + 동사 + 목적어」, 「주어 + 조동사 + 동사 + 목적어」, 「that + 주어 + 동사」가 의미 덩어리로 묶일 수 있어요.

청킹의 또 다른 전략으로는 의도적으로 휴지(pause)를 활용해 유창성과 전달력을 높일 수 있습니다. 문장부호(쉼표, 마침표 등)가 등장하는 구간에서는 꼭 전략적으로 쉬어줘야 합니다. 쉼표의 경우에는 0.2~0.3초 정도 쉬고, 마침표는 0.5초 정도 쉬어준 뒤 다음 문장을 말하는 것이 안정감과 전달력을 높여 주기 때문인데요. 접속사가 문두에 위치할 때도 쉬어 주는 것이 일반적이랍니다.

청킹의 세 번째 전략으로는 톤에 변화를 주는 거예요. 단순히 규칙에 따라 뭉쳐서 말하는 게 아니라, 뭉친 덩어리들을 자연스럽게 리듬과 멜로디를 넣어 발음하는 것이 중요해요. 예를 들어, 'I want to have a cup of coffee.'의 경우, '아이 원트 투 해브 어 컵 오브 커피'가 아니라 '아워너해~~ㅂ / 어커뽑커피'로 발음해야겠죠. 그렇다면 어떤 소리를 크게, 어떤 소리를 작게, 어떻게 리듬을 넣어야 할까요? '내용어(Content Words)'와

'기능어(Function Words)'의 개념을 이해하면 인토네이션과 리듬의 개념을 이해할 수 있어요. 문장에서 핵심적인 메시지를 담고 있는 것들을 '내용어'라고 하고, 이러한 내용어를 기능적으로 돕는 것을 기능어라고 합니다. 품사로 따져 보면 명사, 동사, 형용사, 부사, Wh-의문사와 부정어(no, not, can't)가 내용어에 포함됩니다. 내용어는 소리가 세고, 비교적 천천히 발음하고, 쉬어 가는 특징을 가지고 있어요. 영어 문장에는 내용어와 기능어가 섞여 있는데, 기능어가 차지하는 비중이 매우 높아요. 기능어에는 주로 관사, 전치사, 접속사, 대명사, 조동사 등이 있는데, 소리가 뭉치고, 빠르고, 낮다는 특징을 가지고 있어요. 기능어끼리는 뭉치면서 소리가 빠르게 지나간답니다. 이 말은 즉, 빠르게 지나가는 부분에 너무 얽매이지 않아도 된다는 소리겠죠?

마지막으로 생각보다 청킹을 더 크게, 넓게 잡아야 합니다. 원어민들은 긴 문장을 굉장히 빠르게 붙여서 말하기 때문이죠. 청킹을 할 때는 접속사나 접속부사로 연결된 의미 덩어리, 수동태 형태의 동사, 전치사로 연결된 의미 덩어리 등에서 끊는데요. 만약 청킹을 하지 않고 단어를 있는 그대로 하나하나 끊어서 읽으면 대참사가 일어나겠죠.

원어민들은 의미 덩어리를 크게 잡아 물 흐르듯이 술술 영어를 합니다. 한국어도 의미 덩어리에 따라 끊는 구간이 있기 때문에 긴 문장도 안정적인 호흡으로 효과적으로 전달할 수 있는 것이랍니다. 지금 내 영어가 어딘가 급하고 호흡 조절이 잘 안 된다고 느낀다면 스크립트가 있는 영어 영상 또는 오디오 자료를 구해서 들으면서 청킹을 해 보세요.

11

단어의 계단이란?

이번 장에서는 단어와 관련된 내용을 말씀드리려고 합니다. 먼저 아래 대화를 살펴볼까요?

A I'm Dr. Manning. I see you're experiencing abdominal pain.
저는 매닝 박사입니다. 보아하니 복부 통증이 있으신 것 같네요.

B Daddy's tummy started hurting as soon as he got off the airplane today.
아빠는 오늘 비행기에서 내리시자마자 배가 아프기 시작하셨어요.

위의 대화에서 동일한 대상을 지칭하는 단어는 무엇일까요? 바로 '복부,

배'를 지칭하는 abdominal(abdomen)과 tummy입니다. 어째서 의사 선생님은 abdominal이라는 단어를 사용하고 꼬마는 tummy를 사용했을까요?

그건 바로 register 때문입니다. register는 '사용역(화자가 특정한 상황에 따라 언어를 적절히 바꾸어 사용하는 것)'을 의미하며, 쉬운 말로는 '단어의 계단'을 뜻합니다.

의사는 '배'보다는 '복부'라는 표현을 사용했기 때문에 abdominal이라는 단어를 사용했고, tummy는 아이들이 배를 지칭할 때 사용하기 때문에 꼬마는 tummy라는 표현을 사용한 거죠. 꼭 높은 층에 있는 단어를 사용한다고 해서 영어를 잘하는 것이 아니고, 문맥과 상황에 맞는 단어를 사용하는 것이 중요합니다. 한국어로 좀 더 쉽게 설명해 볼게요.

조폭 아, 형님, 제가 형님의 **복부**를 절개해 보겠습니다잉.

의사 환자분, 제가 지금부터 환자분의 **배때기**를 갈라보도록 하겠습니다.

왜 register가 중요한지 이제 아시겠죠?

이렇게 동일한 뜻을 지닌 다양한 사용역대의 단어들을 알고 있으면 어이없는 실수를 줄일 수 있을 뿐만 아니라 상황에 걸맞은 적절한 영어를 구사할 수 있게 됩니다. 일반적으로 사용역대가 보통 1층에서 2층을 왔다 갔다 한다고 볼 수 있는데, 만약 자신이 한 단어에 대해서 단어의 계단을 4층 이상 쌓아 올릴 수 있다면 꽤 높은 수준의 어휘력을 갖춘 거예요.

'해결하다'라는 단어를 가지고 단어의 계단을 만들어 볼까요?

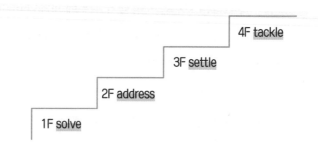

단어의 계단이 낮은 학습자일수록 영어로 문장을 만들 때 문맥에 맞는 가장 적절한 단어를 찾아서 사용하기보다는 사전에 나와 있는 단어 중 '내가 아는 단어'로 갈아 끼우는 경향을 보입니다. 이쯤 되면 '왜 똑같은 의미의 단어를 여러 개 외워야 하나?'라는 의문이 생길 텐데요. 한국어에서도 '죽다(die), 사망하다(decease), 돌아가시다(pass away), 자살하다(commit suicide/kill oneself)' 등 죽음을 다양하게 표현하는 것처럼 영어도 마찬가지이기 때문입니다. 내가 알고 있는 단어 하나에 의존하지 말고, 상황과 문맥에 맞는 '찰떡' 같은 단어와 표현을 사용하기 위해서는 단어의 계단을 늘리는 연습을 해야 하는 거죠.

그렇다면 어떻게 단어의 계단을 늘릴 수 있을까요? 우선 손바닥 사이즈의 작은 수첩이나 노트를 준비하세요. 그리고 그 노트에 생각날 때마다, 새로운 표현을 배울 때마다 해당 표현을 적어 내려가 보세요(줄 노트보다는 줄이 없는 무지 노트를 추천해 드립니다).

▲ 단어의 계단을 쌓아 올리는 법

궁금한 하나의 개념이 생겼을 때 그 표현을 대체해서 쓸 수 있는 표현이나 같은 의미지만 격식을 갖춘 표현을 함께 알아 두어 단어의 계단을 높여 보세요. 상황이나 대화의 대상에 따라 사용할 수 있는 어휘의 폭이 훨씬 넓어질 거예요!

12

왠지 내 영어에 스웨그가
없다고 느껴진다면

문법적으로 틀린 건 없는데 어딘가 모르게 내 영어에 스웨그(swag)가 느껴지지 않는다고 느껴진 적이 있나요? 의미는 전달이 된 것 같은데 어딘지 모르게 Broken English 같아 보이는 나의 영어. 어떻게 하면 원어민처럼 자연스러운 영어를 구사할 수 있을까요?

정답을 알려드리기 전에 먼저 문제를 풀어 보겠습니다. 다음 문장을 영어로 바꿔 보세요.

✚ 전 남친이 어제저녁에 뜬금없이 전화했더라고.

✚ 제시간에 도착을 못할 것 같은데요.

위 문장을 영작하면 다음과 같습니다.

✚ 전 남친이 어제저녁에 뜬금없이 전화했더라고.
  I got a call from my ex last night out of the blue.

✚ 제시간에 도착을 못할 것 같은데요.
  I'm afraid I can't make it.

만약 내가 생각한 영어가 아래와 비슷하다면 구동사(phrasal verbs)와 연어(collocation) 학습이 필요한 단계입니다.

✚ 전 남친이 어제저녁에 뜬금없이 전화했더라고.
  My ex-boyfriend called me suddenly last night.

✚ 제시간에 도착을 못할 것 같은데요.
  I think I will be late.

구동사(phrasal verbs)란 두세 단어가 한 덩어리로 '동사의 역할'을 하는 것을 말하고, 연어(collocation)란 '함께 어울려 다니는 짝꿍' 같은 표현을 말합니다. 연어는 구동사(phrasal verbs), 숙어(idiom)의 상위 개념으로, 단어와 단어가 습관적으로 자연스럽게 붙어서 다니는 표현들을 말해요. 좀 더 명확한 이해를 위해 아래의 표현들을 살펴보겠습니다.

구동사(phrasal verbs)	연어(collocation)

take off 떠나다
동사 전치사

full marks 만점
형용사 명사

look forward to ~을 고대하다
동사 부사 전치사

take a shower 샤워를 하다
동사 관사 명사

highly successful 크게 성공한
부사 형용사

학창 시절 저를 혼란스럽게 했던 것 중에 하나가 이런 덩어리 표현을 무작정 외우라고 했던 거였어요. 선생님이 덩어리같이 생긴 건 이렇게 뭉뚱그리시면서 그냥 외우라고만 하시니 뭐가 뭔지도 모르고 그냥 무식하게 외웠던 기억이 있죠. 긴 시간 영어를 학습하고 또 학생들을 가르치면서 '아, 영어를 정말 제대로 하려면 구동사와 연어를 제대로 알아야 하는구나.'라는 사실을 깨달았습니다. 하지만 구동사와 연어가 워낙 양이 방대하기 때문에 외우는 데 왕도가 없답니다. '가랑비에 옷 젖듯이' 하루에 조금씩 채워 나가다 보면, 어느새 꽤 많은 구동사와 연어가 머릿속에 쌓인다는 걸 알 수 있을 거예요. 연어의 경우에는 관련 앱을 다운받아 궁금한 단어가 생각날 때마다 검색해 보면서 공부하면 좋아요. 제가 자주 사용하는 앱은 OXCOLL – Collocations Dictionary입니다.

궁금한 단어가 생길 때마다 앱을 이용해서 찾아보고 입으로 소리 내어 반복해서 말해 보세요. 구동사의 경우는 욕심부리지 말고 하루에 딱 하나의 동사만 파 보면 좋습니다. 구동사는 빈도수가 높은 단어부터 정리해 나가는 방법을 추천드립니다. 달달 외우기보다는 전치사의 기본 개념을 먼저 이해하면 유추가 가능하기 때문에 전치사의 기본적인 개념을 먼저 익히면 구동사를 수월하게 익힐 수 있답니다. 구동사는 뜻이 다양한 경우가 많기 때문에 학습한 뒤에 꼭 '유글리쉬(youglish.com)'라는 사이트를 통해 실제 원어민들이 어떤 상황에서 구동사를 사용하고 어떻게 발음하는지를 확인해 보면 좋습니다.

한 번에 몰아서 하는 학습이 아니라 조금씩 달성한다는 생각으로 적은 양을 매일 차곡차곡 머릿속에 쌓아 가다 보면, 어느새 내 영어가 원어민 영어처럼 자연스럽게 느껴지는 순간이 반드시 찾아올 거예요.

13

사고관, 세계관을 알아야
언어를 이해할 수 있다

아래 한글 문장을 보고 영어로 자연스럽게 번역한 문장을 골라 보세요.

음주하는 습관을 버려야겠어요.

Ⓐ I should **break** the habit of drinking.

Ⓑ I should **discard** the habit of drinking.

정답으로 A를 고르셨나요? B를 고르셨나요?

정답은 A입니다. '어? '버리다'는 discard 아닌가요?'라는 생각이 드는 분들 있죠? 이렇게 한국어와 찰떡같이 어울리는 단어로 갈아 끼웠을 때 Broken English가 되기 쉽습니다. 원어민들은 '습관을 버린다'고 할 때 그 습관이 오랫동안 반복되어 굳어진 것으로 생각해서 단순히 '버리다'라는 개념으로 보지 않고, '깬다'라는 개념으로 이해합니다. 그럼 또 다른 문장을 살펴볼까요?

시대마다 유행을 창출하는 사람들은 항상 존재한다.

Ⓐ There are always people who **create trends** in every era.

Ⓑ There are always people who **set trends** in every era.

이번에는 어떤 답을 고르셨나요? 아까도 말씀드렸죠? 찰떡같이 내 입에 붙으면 오답입니다. '유행을 창출하다'는 set이라는 동사를 사용해야 해요. set은 마치 땅에 말뚝을 박거나 좋은 위치에 자리 잡는 것을 의미하는데요. 한 번 정하면 그 위치가 쉽게 바뀌지 않기 때문에 그렇습니다. 왜 유행을 창출하는 데 set이라는 동사를 사용했을까요?

혹시 트렌드(trend)와 패치(patch)의 개념 차이를 알고 계신가요? 트렌드는 장기간에 걸쳐 유행하는 것을 의미하고, 패치는 단기간 내에 반짝 유행했다가 사라지는 것을 의미합니다. 쉬운 예로, '웰빙'이나 '먹방'은 장기간 지속되는 유행이기 때문에 트렌드로 볼 수 있고, '흑당 버블티'처럼 잠깐 유행하고 장기간 하나의 트렌드로 자리 잡지 못하는 것을 패치라고 하죠.

제가 앞서 set은 마치 땅에 말뚝을 박거나 오랫동안 한자리에 자리 잡는 것을 의미한다고 했죠? 이 때문에 장기간에 걸쳐 지속되는 트렌드는 동사

set과 찰떡궁합이 되는 거예요. 이처럼 원어민의 사고관과 세계관은 언어에 고스란히 드러난다는 것을 알 수 있습니다. 그래서 그들의 사고관, 세계관을 알아야 영어를 외우지 않고 이해할 수 있어요. 다음 문장을 영어로 생각해 보세요.

✦ 내일 연차를 낼 거예요.
✦ 근무 중이에요(냉식 쭝이에요).
✦ 내가 정리 해고를 하는 총대를 메게 되었어.

혹시 머릿속에 떠올린 문장이 아래의 문장과 비슷한가요? 아니면 전혀 다른 문장을 생각하셨나요?

✦ I am taking a day off tomorrow.
✦ I am on my duty.
✦ I have to bite the bullet to proceed with layoffs.

만약 '연차, 근무, 정리 해고'와 같은 단어에 갇혀서 생각했다면 어색한 문장이 됐을 거예요. 한국어 단어와 치환되는 영어 단어를 찾으려고 하거나 한국어 어순과 동일하게 영어 문장을 만들려고 하면 어색한 영어가 됩니다. 원어민들은 근로에 관련된 단어를 표현할 때 on/off의 개념을 많이 사용하는데요. 쉽게 생각해서 근로 모드를 '켜고 끄는' 것으로 생각하면 이해하기가 쉽습니다. '오늘은 쉬는 날이에요. 오늘은 연차예요.'라는 말을 표현하려면 '끄다'의 개념을 가진 전치사 off를 사용해서 'I am off today.'라고 표현하면 되고, 연차를 사용하거나 쉴 거면 'I am going to take a day off.'를 써 주면 됩니다. 반대로 만약 근무 중이라면 이 근로 스위치를 켜면 되겠죠. 'I am on my duty.' 이 개념을 이해하기 위해 on my duty는 '당직 중, 근로 중'이라고 달달 외우게 되면 학습의 연계성이 떨어지게 됩니다. 기본이 되는 의미를 먼저 이해한 뒤 살을 붙여 나가는 것이 좋아요. 그러면 '정리 해고'는 왜 layoff일까요?

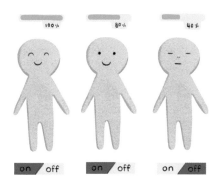

근로자들을 일렬로 눕혀(lay) 근무 능력이 좋은 근로자의 근로 모드를 켜고(on) 그렇지 않은 근로자의 근로 모드를 끄면서(off) 능력이 떨어지는 근로자를 정리한다는 개념으로 생각해 볼 수 있습니다.

우리가 원어민들의 사고관과 세계관을 이해할 때 영어를 비로소 '암기' 가 아닌 '이해'를 할 수 있게 됩니다. 단어나 표현을 달달 외우기보다는 그 단어의 어원이나 기원을 찾고 유사한 단어들을 찾아 공통점을 찾아 나가는 과정에서 원어민들의 사고관과 세계관을 이해할 수 있게 되는 거죠. 이렇게 공부하면 시간이 오래 걸릴 것 같지만, 사실 달달 외운 단어는 쉽게 잊을 수밖에 없기 때문에 자료를 찾으면서 학습하는 편이 시간은 조금 더 걸릴지 몰라도 더 오랫동안 기억됩니다. 따라서 길게 보면 자료를 찾으면서 학습하는 게 훨씬 더 효과적인 방법인 거죠. 당장 회화에 도움이 될 것 같은 단어장을 구입하는 것보다는 자주 인터넷 검색을 하고 도서관에서 영어의 소리에 관련된 책이나 언어의 기원, 서양의 역사 등과 같은 책을 쌓아 놓고 공부해 보세요. 깊고 넓은 지식의 바다에서 헤엄치는 과정을 통해 좀 더 뿌리 깊은 영어 실력을 쌓을 수 있을 거예요.

기술 발전 이전의 시대를 생각해야
영어를 이해할 수 있다

간단한 문제를 하나 드릴게요!

'차를 갓길에 좀 세워 주세요.'를 영어로 어떻게 말할까요?

혹시 머릿속에 'Please stop the car on the side road.'가 떠오르지 않았나요? 물론 'stop the car'라고 표현해도 말이 안 통하는 건 아니지만 'stop the car'는 차를 단순히 세우는 행위라고 한다면, 'pull over'는 차를 갓길에 주차하는 것을 의미합니다.

차를 세우는 것이 어떻게 pull over가 되었을까요?

pull은 '딩기다'라는 의미이고, over는 '포물선의 형태를 띠는 움직임'을 의미합니다. 기어로 차를 세워서 pull over를 사용하는 거라고 착각할 수 있지만, 기어 박스는 단순히 당기기만 하기보다는 앞뒤로 움직일 수 있죠.

자, 여기서 포인트는 기술이 발전하기 이전의 시대로 돌아가는 거예요.

아주 오래전 사람들의 교통수단은 무엇이었을까요? 그렇습니다. 말이 그들에게는 주된 교통수단이었어요. 말을 세울 때 고삐를 뒤로 포물선을 그리면서 당기기 때문에 차를 세울 때 pull over라는 표현을 사용하게 된 서예요(물론 다양한 설이 있기는 합니다).

무언가를 끝내거나 마무리할 때 보통 어떤 동사를 사용하죠? 열에 아홉은 'finish, end, complete' 중에 하나를 사용합니다. 하지만 원어민들은 실제로 어떤 일을 마무리할 때 'wrap up'이라는 구동사를 사용해요. 컴퓨터가 없던 시대로 가 보겠습니다. 저는 아직도 아버지가 회사에서 발표가 있는 날이면 큰 전지에 발표 자료를 말아 출근하시던 모습이 기억나요. 아버지는 회사에 가서 회의를 마친 뒤 큰 전지를 위로 돌돌 말아 회의를 마무리하셨겠죠.

'전화를 끊다'는 hang up이라는 표현을 쉽게 떠올리지만, 왜 hang up인지에 대해 궁금해해 본 적은 없었을 거예요. 요즘 시대야 스마트폰이 보편화되어서 전화를 받을 때 버튼을 터치해서 받지만, 휴대폰이 발명되기 전에는 다이얼을 돌려서 전화를 거는 방식의 전화기를 사용했습니다. 이

hang up

때 전화를 끊기 위해서는 수화기(혹은 송수화기)를 위로 걸어서 끊어야만 했어요.

단순히 외운 단어는 다시 꺼내서 쓰려고 하면 쉽게 상기되지 않습니다. 표현의 기원이나 나만의 재미있는 해석을 통해 머릿속에 유의미한 정보로 변환한 뒤 넣게 되면 그 표현을 사용할 수 있는 가능성이 훨씬 더 커져요. 언어는 기술이 발달하기 이전부터 존재했기 때문에 현재의 발전한 기술에 대입해 영어를 이해하려고 하면 이해가 되지 않아 억지로 외워야 하는 것들이 많습니다.

특히 구동사는 한국인이 유독 이해하기 어려운 부분인데요. 그 이유는 우리가 학교에서 배우는 단어들은 보통 한 덩어리의 단어이기 때문입니다. '거절하다'라는 단어를 보면 어떤 영어 단어가 떠오르나요? 아마 reject, refuse 같은 단어들이 떠오를 거예요. 하지만 원어민들은 turn down이라는 구동사를 사용해서 표현하곤 하죠. 구동사는 뜻이 다양하기 때문에 사용하기가 쉽지 않다고 느껴지지만, 원래 이 구동사는 원어민들이 영어를 좀 더 쉽게 익히기 위해 탄생했다는 설이 있어요. 프랑스어를 사용하는 노르만족이 지금의 영국 영토를 침범하게 되면서 영어는 푸대접을 받기 시작했는데요. 귀족들이 프랑스어를 사용하기 시작하면서 영어는 하층민들이 사용하는 언어로 전락하게 되었습니다. 영어를 지키고자 하는 노력의 일환으로 '영어를 좀 더 쉽게 익힐 순 없을까?' 하는 고민에서 출발한 것이 바로 구동사입니다. 그래서 구동사의 정확한 뜻은 모르지만, 동사와 전치사만으로도 어느 정도 유추가 가능한 것도 이런 이유에서이죠. '거절하다'라는 뜻을 나타내는 turn down이라는 구동사는 부탁하러 온 누군가를 다시 돌려보내서(turn) 그 사람의 기분이 침울해지는(down) 것과 같은 느낌을 떠올리면 그 의미가 좀 더 쉽게 다가올 거예요.

영어 표현을 접하기 쉬운 도서로는 《영어 동작표현사전, 고바야시 유우코 저》, 《걸어 다니는 표현 사전, 앤드루 톰슨 저》가 있으니 한번 참고해 보세요.

영어의 규칙, 뿌리, 역사, 변화 등 다양한 분야의 학습을 하면 할수록 영어의 깊이가 깊어진다는 것을 느낄 수 있을 텐데요. 1,500년 전 앵글로색슨족이 유럽 대륙에서 영국으로 건너 온 후부터 시작된 영어는 고대, 중세, 현대를 거쳐 세계에서 가장 영향력 있는 언어로 발전해 왔습니다. 극초기의 영어는 앵글로색슨족의 손가락 끝에서 투박하게 태어났는데, 초기의 불완전했던 영어의 모습은 전설적인 지식인 셰익스피어의 손을 거쳐 비로소 언어다운 모습으로 발전했고, 지금 우리가 사용하는 영어는 약 18세기에 완성되었다고 볼 수 있습니다. 영어는 지리적 특성상 다양한 외래어의 영향을 많이 받았는데 특히 결정적인 사건 중 하나가 바로 1066년 노르만족의 정복입니다. 프랑스어를 사용하던 노르만족이 침략에 성공하였고 이때부터 상류층을 중심으로 프랑스어가 빠르게 확산되었던 거죠. 왕실은 말할 것도 없고 귀족, 지식인, 종교인들 같은 사회 주류가 프랑스 어를 사용했고, 서민들만 영어를 사용하게 되었습니다. 우리나라도 1443 년 세종대왕이 백성을 생각하는 마음으로 큰 꿈을 안고 창제한 훈민정음 이 초기에는 사대부들의 외면을 받기도 했죠. 지식인들은 여전히 한문을 고수하며 한글을 경시했던 역사가 있어요.

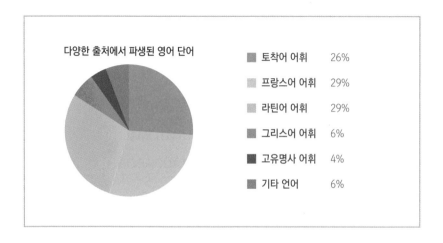

다양한 출처에서 파생된 영어 단어

- 토착어 어휘 26%
- 프랑스어 어휘 29%
- 라틴어 어휘 29%
- 그리스어 어휘 6%
- 고유명사 어휘 4%
- 기타 언어 6%

노르만족 침략 이후의 역사로 인해 다수의 프랑스어가 영어에 반영되었 고, 특히 음식, 식문화와 관련한 프랑스 단어들이 많이 유입되었습니다. 이러한 역사적 배경이 영어가 다소 유사성이 떨어지는 언어가 된 이유이 기도 해요. 한글은 영어와 비교하면 유사성이 높은 언어에 속하는데요. 한글에서 '돼지 – 돼지고기'가 영어에서는 'pig – pork'로, 한국에서 '소 – 소 고기'가 영어에서는 'cow – beef'가 된다는 것을 통해 한글에 비해 영어가 유사성이 떨어짐을 알 수 있습니다. 이러한 현상이 발생한 이유는 상류층을 중심으로 프랑스어가 유입되어 상류층만이 맛볼 수 있는 음식들은 프랑스어 명칭을 그대로 사용했기 때문이에요.

대표적으로 restaurant라는 단어를 보면 영어로 쓰여 있는데 발음하기가 쉽지 않다고 느껴질 것입니다. 레스토랑? 레스토런트? 발음이 뭔가 프랑스스럽고 음식과 관련이 있다면 '이 단어 프랑스어에서 따온 거 아냐?'라고 의심을 해 보는 것도 좋습니다. 실제로 restaurant는 1765년 프랑스어 'restorer'에서 유래되었어요. 프랑스의 한 수프 가게에서 '음식으로 사람들의 영혼을 치유해 주겠다'라는 의미를 가진 팻말에 다음과 같은 문구가 쓰였고,

"VENITE AD ME VOS QUI STOMACHO LABORATIS ET EGO RESTAURABO VOS"

이를 구체적으로 해석하면 'Come to me, all who labour in the stomach, and I will restore you.(배 속에서 수고하는 모든 자들은 나에게로 오라, 나는 너를 회복시키리라.)'가 됩니다. 이 밖에도 드레싱의 일종인 vinaigrette(비네그레트), mousse(무스), gratin(그라탱) 등과 같은 단어들도 프랑스어가 기원인 단어들이에요.

지금까지 영어의 기원과 역사를 읽으면서 어떤 느낌이 드셨나요? 지겹고 따분하지 않고 꽤 흥미롭지 않으셨나요? 영어를 단순히 정복해야 하는 언어로만 받아들이면 영어는 그야말로 대환장 파티가 되는 것이고 다방면

으로 고루 학습하면서 재미를 느끼고, 이해하면서 학습하면 종합 예술이
된답니다.

Chapter 3

제대로 들여다보는 영어의 세계

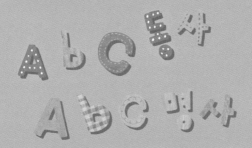

원어민의 대화에는 템플릿이 있다

영어는 기본적으로 효율성(efficiency)을 중시하는 언어입니다. 이러한 효율성 때문에 반복을 지양하고 대명사 같은 장치를 사용하게 된 것이죠. 효율성을 너무 중시하는 언어다 보니, 영어는 lazy language라는 오명을 쓰기도 했어요. 그렇다고 해서 영어가 항상 할 말만 딱딱 하고 타인과의 교류를 시간 낭비라고 생각하는 정 없는 언어는 아닙니다. 오히려 그 반대로 관계를 중시하며 대화 속에 상대를 배려하는 요소들이 곳곳에 숨어 있는데요. 원어민의 대화를 살펴보면 템플릿이 존재한다는 사실을 알 수 있습니다.

원어민들은 보통 낯선 사람이든 익숙한 사람이든 만나면 가볍게 인사를 건네며 안부를 묻습니다. 인사만 건네고 바로 본론으로 들어가는 게 아니라 본론으로 들어가기 전 워밍업 단계인 스몰 토크(small talk)를 시작합니다. 상대방이 내게 안부를 물어봐 주면 상대에게 마찬가지로 안부를 되묻고 칭찬을 건네면 감사의 표시를 꼭 하곤 하죠.

아는 관계일 때의 대화

Julia   Hi. How's it going?
안녕하세요. 오늘 하루 어떠신가요?
→ 가벼운 인사와 안부

Daniel   I am doing great. How about you?
좋습니다. 당신은요?
→ 상대에게도 반드시 질문을 해야 해요. 질문만 받고 답변하지 않으면 자칫 무례해 보일 수 있어요.

Julia   Pretty good.
저도 괜찮습니다.

Daniel   I've heard that you got the job! That's awesome!
최근에 취직했다고 들었어요! 대단한데요!
→ 원어민들은 상대에게 경청의 표시로 이렇게 감탄의 표현을 자주 사용하는 편이에요.

Julia   Yes. I am so excited.
맞아요. 정말 기뻐요.

Daniel   I am happy to hear that! I knew you'd make it. I am so proud of you.
정말 기쁜 소식이네요! 저는 당신이 해낼 줄 알았어요. 당신이 정말 자랑스러워요.

Julia   Thank you for saying that!
그렇게 말씀해 주셔서 감사해요!
→ 상대방의 칭찬에는 화답으로 감사의 표현을 해 주는 게 좋아요.

처음 본 관계일 때의 대화
(버스 정류장에서 우연히 만난 사람과 대화를 나눌 때)

Chris Nice weather.
날씨가 좋네요.
→ 처음 본 사이여도 눈이 마주치면 가벼운 인사와 함께 스몰 토크를 해요.

Luna Yep. It's lovely.
네. 정말 좋네요.
→ 상대가 날씨가 좋다고 말했는데 '날씨 우중충한데요?'라고 말하는 건 실례가 될 수 있어요. 안부를 묻거나 가벼운 스몰 토크를 건넸을 때, 처음 보는 관계에서는 기분이 안 좋다고 해서 정말로 안 좋다고 표현하거나 날씨가 별로라고 대답하면 상대는 당황할 수 있어요.

Chris Do you live in this town? I don't think I've seen you.
여기 시내 사세요? 한 번도 뵌 적이 없는 분 같은데요.

Luna I've moved into this neighborhood recently.
최근에 이사 왔어요.

Chris Oh! Welcome to the neighborhood!
오! 저희 동네에 오신 걸 환영해요!

Luna Thanks for your warm welcome!
따뜻하게 맞아 주셔서 감사해요!

Chris There comes the bus. See you next time.
버스가 오네요. 다음에 뵐게요.
→ 설령 다시 보지 않을 사이라 하더라도 친근감을 나타내며 이렇게 인사를 건넬 수 있어요.

Luna Bye! Have a great day!
안녕히 가세요! 좋은 하루 보내세요!
→ 통상 상대의 하루가 행복하길 기원하며 마무리 인사를 건네요.

한국어는 존대어가 발달해서 영어보다 상대를 존중하고 배려하는 언어라고 합니다. 하지만 영어를 자세히 들여다보면 곳곳에 상대를 배려하고 존중하는 포인트들을 발견할 수 있답니다. 재미있는 건 대화할 때의 두 언어를 살펴보면 한국인들은 오히려 본론으로 바로 들어가는 경향을 보인다는 거예요.

상담원과 통화 시

상담원 안녕하세요. 무엇을 도와 드릴까요?

김대한 아니, 내가 며칠 전에 여기 사이트에서 티비를 하나 샀는데…. 이게 고장인지 뭔지 안 되네요.

상담원 아, 그러셨습니까? 불편을 드려 대단히 죄송합니다.

김대한 이거 교환을 하든지 환불해 주세요.

상담원 고객님, 구입하신 제품의 보증 기간 내에 발생한 것이면 저희가 무상으로 서비스를 해 드리도록 하겠습니다.

김대한 언제 바꿔줄 수 있는데요? 아…, 당장 써야 하는데….

상담원 최대한 빠르게 도움받아 보실 수 있도록 기사분 일정 확인 뒤 연락드리도록 하겠습니다.

김대한 알겠습니다. 수고하세요.

상담원 더 필요하신 부분은 없으실까요?

김대한 뚜… 뚜… 뚜…

상담원(CS)과 통화 시

CS Hi, this is Mary from ABC mart. How can I help you?
안녕하세요. ABC마트 메리입니다. 무엇을 도와 드릴까요?

Jake Hi, Mary. How are you doing?
안녕하세요, 메리. 오늘 하루는 어떠신가요?
→ 보통 자신의 이름을 먼저 밝히고 상대방의 안부를 묻습니다.

CS I am doing great. How about you?
정말 좋죠. 오늘 하루 어떠신가요?
→ 본인의 안부만 말하지 않고 꼭 상대방에게 되묻는 게 예의예요.

Jake Good!
저도 좋습니다!

CS Thanks for calling today. What can I do for you?
전화 주셔서 감사드립니다. 제가 뭘 도와 드리면 될까요?
→ 감사함과 칭찬은 부드러운 대화를 이끄는 데 중요한 역할을 해요.

Jake I'm calling to ask for help because my TV is broken. I want to exchange it because it's still under warranty.
TV가 고장 나서 도움을 요청하려고 전화했습니다. 아직 보증 기간이 남아 있어서 교환을 하고 싶습니다.
→ 안부와 감사를 표현한 뒤 본론으로 들어가요.

CS I apologize for the inconvenience first. If it's within the warranty period, we can exchange it. But, it takes about two weeks, is that okay?
먼저 불편하셨을 텐데, 사과 말씀드립니다. 만약 제품 보증 기간이 남아 있다면 교환이 가능합니다. 다만 2주 정도 소요될 수 있는데 괜찮으실까요?

Jake No problem.
괜찮습니다.

CS Okay, then I'll check the engineer's schedule for collection and call you back.
좋습니다. 기사님과 제품 수거 일정을 확인해 본 뒤에 연락 다시 드리도록 하겠습니다.

Jake Thanks for your help, Mary.
도움 주셔서 감사해요, 메리.

CS My pleasure.
별말씀을요.

Jake Have a great day!
좋은 하루 보내세요!

CS   You too have a lovely day!
당신도 좋은 하루 보내세요!

스몰 토크는 원만한 인간관계와 비즈니스를 성공으로 이끄는 열쇠입니다. 이름은 스몰 토크이지만 그 중요성은 절대 작지 않죠. 스몰 토크에 대화의 성패가 달려 있을 정도로 아주 중요하다고 할 수 있어요.

한국인에게는 스몰 토크의 개념이 다소 생소하기 때문에 충분한 연습이 필요한데요. 처음에는 어색하겠지만 원어민을 만날 때마다 의식적으로 연습해 보세요. 눈을 마주치며 먼저 인사를 건네고 칭찬, 감사를 표현하며 대화를 시작하세요. 주눅 들고 긴장해서 필요한 말만 다급하게 내뱉는다면 원어민은 당신의 이야기에 흥미를 느끼지 못할 것입니다. 영어 실력이 다소 부족하더라도 여유를 갖고 미소를 띠며 대화해 보세요. 진정한 소통은 현란한 언어 실력에서 나오는 것이 아닌 따뜻한 진심에서 나온다는 사실을 꼭 기억하면서 말이에요.

스몰 토크 TIPS

- 종교, 인종, 정치와 같은 민감한 주제는 스몰 토크의 주제로 삼가기
- 상대방의 이야기에 고개를 끄덕이고 눈을 맞추는 등 적절한 제스처 사용하기
- 상대방의 이름을 부르며 친근하게 대화를 시작하기
- 상대방의 이야기를 끌어낼 수 있는 질문 던지기
- 쉽게 공유할 수 있는 주제 활용하기(음식, K-pop, 날씨, 취미, 스포츠 등)
- 상대방과 나와의 공통점을 찾아 대화를 우호적으로 이끌어 나가기

2

비언어적인 요소를 알아야
완벽한 언어가 된다

눈치가 빠른 사람이 영어를 더 잘할까요?

정답은 '그렇다'입니다. 언어는 언어적 요소와 비언어적 요소의 결합으로 이루어져 있습니다. 비언어적 요소는 제스처나 표정, 분위기, 침묵, 문맥 등을 가리킵니다. 때때로 언어적 요소보다 비언어적 요소가 더 중요한 역할을 할 때가 있습니다. 한국인들의 영어는 단어에 너무 큰 의미를 두고 단어 하나하나를 모두 완벽하게 이해하고자 하는 경향이 있어요.

학부 시절 화용론(Pragmatics)이라는 전공 수업을 들은 적이 있습니다. 대학 시절엔 전공 수업을 재미있다고 생각한 적이 한 번도 없었는데, 화용론 수업은 꽤 흥미로웠습니다. 화용론이란, 텍스트 자체만을 가지고 의미를 파악하는 것이 아니라 언어 외적인 요소들을 가지고 의미를 파악하는 이론으로, 제게 처음으로 진정한 언어의 세계에 눈을 뜨게 된 계기가 되었어요. 예를 들어, 과자를 쏟아 버린 아이에게 "아이고, 아주 잘했다, 잘했어."라고 말하는 상황에서 '잘했다'라는 단어의 의미는 정말 잘했다는 의미를 나타내지 않겠죠. "내가 너 그럴 줄 알았다."가 이 문장이 전하는 진짜 메시지가 될 것입니다.

"여기 좀 춥지 않아요?"라고 말하며 화자가 히터를 쳐다본다면 청자에게 "히터를 좀 켤까요?"라는 의미가 되겠죠. 이처럼 언어는 단순히 쓰이고 보이는 대로 이해했다가는 메시지 속에 담긴 진짜 의미를 찾아낼 수 없습니다. 때로는 침묵이 강력한 메시지가 될 수도 있어요. 훈련된 연사들은 이런 침묵을 청중의 집중을 이끌어 내기 위한 장치로 사용하기도 하죠. 침묵은 어떠한 단어도 소리도 갖고 있지 않지만 강력한 메시지를 담고 있습니다.

똑같은 문장이어도 어떻게 소리를 내느냐에 따라서 그 의미가 달라지기도 하는데요. "Are you saying that I am pregnant?"라는 문장을 아이를 오랫동안 기다린 사람과 아이를 원치 않는 사람이 말할 때 각각 그 억양이 달라질 수 있습니다. 보기에는 같은 모습을 하고 있지만 화자의 상황과 감정에 따라서 그 소리가 달라질 수 있죠. 하지만 뭐니 뭐니 해도 가장 중요한 비언어적인 요소는 바로 문맥(context)입니다. 영어는 하나의 단어가 여러 가지 의미를 가진 다의어가 워낙 많기 때문에 하나의 단어만 가지고 모든 상황을 커버하기란 어려워요. 문맥을 보고 단어나 문장이 의미하는 바를 이해해야지만 정확한 의사소통을 할 수 있답니다.

다음 문장을 해석해 보세요.

I am afraid I can't make it on time.

해석하기가 어려웠다면 다음의 두 문장 중에서 정답을 골라 보세요.

Ⓐ 어떡하죠. 제시간 안에 도착을 못할 것 같아요.

Ⓑ 죄송하지만 제시간 안에 끝낼 수 없을 것 같아요.

정답은 A일까요? B일까요?

정답은 'A와 B 둘 다'입니다. make it은 '1) 제시간 안에 무언가를 끝내다, 완료하다 2) 성공하다, 해내다 3) 도착하다'라는 의미가 있기 때문에 문맥에 따라 제시간 안에 도착을 못하는 게 될 수도 있고 제시간 안에 무언가를 끝내지 못하는 게 될 수도 있습니다.

딱 하나의 의미만 가지고 있는 단어는 생각보다 많지 않아요. 적어도 두세 개의 의미가 있는 것이 보통이죠. 사전에서 'mean'이라는 단어를 한번 찾아보세요. 학교 다닐 때 외웠던 '의미하다'가 자동 반사처럼 떠오르겠지만 mean은 동사로는 '의미하다, 뜻하다', 형용사로는 '비열한, 인색한, 평범한, 평균의', 명사로는 '평균, 수단, 방법, 재력, 돈' 등의 다양한 의미가 있어요.

한눈에 보기에도 의미가 열 개 이상이네요. 만약 문맥을 파악하지 않고 한정적인 뜻만을 가지고 해석하거나 회화를 하게 된다면 결과는 어떻게 될까요? 그야말로 동상이몽이 될 수밖에 없겠죠? 대화의 분위기, 장소, 감정 등을 파악하고 텍스트 너머의 진짜 의미를 파악하는 것이 진정한 커뮤니케이션의 시작입니다. 언어 이면의 비언어적 세계에 대해 끊임없이 고민하고 살펴보세요. 그 안에 분명 '좋은 커뮤니케이션'에 대한 답이 있을 거예요.

3

영어는 대환장 파티일까,
종합 예술일까?

이쯤 되면 그런 생각이 들 거예요.

'뭐야! 영어 공부하는데 왜 이렇게 많은 것들을 다 알아야 하지? 좀 틀리더라도 아는 단어를 팍팍 뱉을 수 있으면 된 거 아닌가?'

저도 처음에 영어를 공부할 때 영어로 문장 만들기도 버거운데 옆에서 발음 틀렸다고 지적하는 사람이 있으면 그렇게 짜증이 나더라고요. 그런데 시간이 흘러 제대로 된 영어의 법칙과 소리를 이해한 다음부터는 그때 제가 한 실수가 얼마나 거슬리는 것이었는지를 뒤늦게 깨닫게 되었습니다. 영어를 처음 배울 무렵 습관적으로 because를 [비코즈]로 발음하곤 했었는데 당시에 제게 "[비코즈]가 아니라 [비커~즈]로 발음해야지."라고 조언해 주던 친구가 있었어요. 그때 제가 그 친구에게 이렇게 말했죠. "나는 지금 영어로 말하기에도 급급한데 자꾸 발음 가지고 태클 걸지 않았으면 좋겠어."

친구는 제가 잘못된 발음으로 어디가서 창피를 당할까 도와주려고 한 건데 너무 날카롭게 쏘아붙이고 말았어요. 그때 저는 '하나를 정복하고 난 다음에 또 다른 영역을 정복해야지.' 하는 마음으로 잘못된 방식으로 공부를 하고 있었습니다. 영어를 공부하면 할 수록 영어는 대환장 파티 아니면 종합 예술, 이 둘 중의 하나가 아닐까 하는 생각을 종종 합니다. 간신히 문법 규칙을 이해했더니 이제는 발음이 내 발목을 잡고, 발음은 어찌어찌 해결했는데 인토네이션, 강세가 또 내 발목을 잡죠. 어떤 표현들은 서양인들의 문화와 역사를 모르고서는 도저히 이해되지 않을 때도 있고 말이에요.

들리는 소리를 이해하는 것도 벅찬데 분위기와 문맥을 파악하라니 이거 참 환장할 노릇이 아닐 수 없어요. 하지만 반대로 생각하면 각각의 요소들이 모여 하나의 심포니를 만들어내는 오케스트라 같은 것이라고 생각할 수도 있답니다. 절대 하나의 악기만으로는 완벽한 하모니를 낼 수 없는 것, 그게 바로 영어 공부의 묘미라고 생각해요.

알파벳과 문법을 통해 새로운 언어의 규칙을 익히는 것, 더듬더듬 아는 몇 개의 단어로 말을 내뱉어 보는 것, 서툴지만 문장으로 말하고 말도 안 되는 실수를 하는 것, 문법은 잘 지켜 말은 했지만 어딘가 모르게 발음이 어색하게 느껴지는 것, 발음이 원래 가지고 있는 강세와 리듬을 이해하고 좀 더 리드미컬한 영어로 말하는 것, 분위기에 맞지 않는 표현을 해서 얼굴을 붉혀 보는 것, 다양한 잡식을 통해 점점 영어의 내공을 쌓아가는 것, 영어로 꽤나 그럴싸하게 말하곤 스스로 만족스러워하는 것, 원어민을 만나면 자꾸 말을 걸고 싶어 입이 근질근질해지는 것, 언제부턴가 영어 좀 잘하는 사람으로 통하는 것, 수준 있는 영어로 원어민과 비즈니스를 해보는 것, 국제 무대에서 청중들이 나의 영어에 귀 기울이는 경험을 하는 것, 이젠 스스로를 바이링구얼(bilingual, 이중 언어 구사자)이라고 스스로를 불러도 부끄럽지 않게 되는 것….

이 모든 과정은 지금부터 당신이 스스로 걸작이 되고 오케스트라가 되겠다고 다짐하게 되는 순간 일어나게 될 일들입니다. 가끔 보면 '동사만 잡으면 영어가 끝난다, 간단한 형태로 말하는 게 최고다.' 등 학습자들의 갈증을 당장이라도 충족시켜줄 것처럼 달콤한 말들로 무장한 책들을 발견하곤 합니다. 하지만 이는 목마르다고 계속 콜라만 마시는 것과 다를 게 없어요.

영어를 대환장 파티가 아닌 종합 예술로 만들기 위해서는 반드시 이 개념을 머리에 넣으셔야 해요. '영어는 비빔밥이다!'

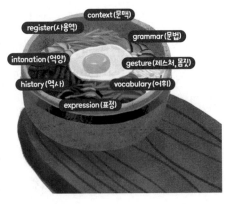

context (문맥)
register (사용역)
grammar (문법)
intonation (억양)
gesture (제스처, 몸짓)
history (역사)
vocabulary (어휘)
expression (표징)

아무리 신선하고 맛 좋은 재료라도 한 가지 재료만 넣거나 일부 재료만 많이 들어가면 비빔밥 본연의 맛을 즐기기 어렵죠. 적당히 구운 야채, 고기, 살짝 노른자가 흘러나오는 계란, 적당량의 소스가 어우러져야 맛있는 비빔밥을 즐길 수 있습니다. 영어를 잘하려면 '맛있는 비빔밥을 만든다'는 생각으로 접근해야 해요. 어떤 재료(요소)도 넘치거나 부족하지 않아야 하고, 재료들 간의 조화가 어우러져야 하는 것이죠.

"선생님, 영어를 잘하려면 해야 할 게 너무 많아요!"라고 볼멘소리를 하실 거라 생각됩니다. 이 모든 것을 한 번에 하려면 머리가 지끈지끈 아프겠지만 시간을 '길~게' 잡고 먼 길을 떠난다는 마음으로 접근해야 해요.

급하게 먹는 밥은 체하고 급하게 만든 음식에서는 깊은 맛을 느낄 수 없습니다. 씨를 뿌리는 심정으로 다양한 영역을 조금씩 키워 나간다는 마음을 가지세요. 영어 공부에 있어서 가장 중요한 게 바로 이 '씨 뿌리는 마음'입니다. 새싹이 자라나는 설렘도 느끼고 새싹이 더 클 수 있도록 적정량의 햇빛, 적당한 물을 주며 새싹이 열매를 맺을 때까지 즐거운 마음으로 지켜보세요. 어느 날은 햇살이 너무 강해서 잎이 마를 수도 있고 새로 분갈이한 환경이 맞지 않아 시들시들해질 수도 있습니다. 하지만 그때마다 기억해야 하는 건, 우린 이 마음속의 새싹을 정성스럽게 보살피고 있고 이 새싹이 반드시 꽃을 피우고 싱그러운 열매를 맺을 거라는 믿음을 가져야 한다는 것입니다. 수많은 팁을 드렸지만, 이 글을 읽고 마음속에 '그래, 씨 뿌리는 마음으로 영어에 다가가자.'라는 생각이 들었다면 제가 이 책을 쓰는 소기의 목적을 달성했다고 생각합니다. 현란한 말솜씨와 획기적인 방법으로 여러분의 영어를 극적으로 바꿔 줄 수는 없지만 여러분이 어디로 가야 하는지, 그 속에 어떤 노력을 담아야 하는지에 대해서는 분명하게 전달할 수 있을 것 같으니까요.

대환장 파티를 하고 싶으신가요, 예술을 하고 싶으신가요? 정답은 이미
여러분 안에 있답니다.

영어의 고지
= input + output + 심리 컨트롤

"정말 이상하게 월요일에 영어를 쓰려고 하면
더 버벅거리게 되고 제 영어가 마음에 안 들어요."

이 말은 해외에서 10년 이상 살고 있던 교민에게도 들었던 말이고, 영어 선생님들로부터도 종종 듣던 말입니다. 영어로 자유롭게 말하게 되면 더 이상 영어 공부를 하지 않아도 될 거라고 생각할 수 있지만 언어가 가진 특성을 이해한다면 평생 영어를 안고 가야 한다는 사실을 깨닫게 됩니다. 특히 영어를 제2외국어로 배운 경우, 아무리 영어 실력을 고수 수준까지 끌어올렸다고 하더라도 영어 실력에 기복을 느낄 때가 있어요.

보통 월요일에 영어 실력이 떨어진다고 느끼는 이유는 월요일부터 입에 시동이 슬슬 걸리기 때문입니다. 시간이 지날수록 영어 모터에 시동이 걸려 속도가 붙으면 목요일, 금요일에는 영어가 좀 더 편하게 느껴지게 되는 것이죠. 마치 머릿속에 두 개의 언어 공장이 있는 것처럼 말이에요.

이 언어 공장에는 근로자가 단 한 사람밖에 없습니다. 바로 여러분이 공장의 주인이자 근로자인 거죠. 모국어인 한국어를 자주 많이 쓰게 되면 한국어 공장에서 한국어 스위치를 켜서 한국어를 생산합니다. 그런데 갑자기 영어를 써야 하는 상황이 발생하면 영어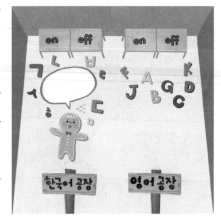 공장으로 뛰어가서 영어 모드로 스위치를 바꿔야 하는데 혼자서 일하다 보니 달려가는 데 시간이 걸리게 됩니다. 제2외국어로 영어를 배운 학습자의 경우, L1(모국어)에서 L2(외국어)로 언어 모드를 변환(transit)하는 과정에서 지연과 오류가 발생하게 되는 거예요.

영어가 어느 정도 수준 이상이 되었을 때 힘든 점은 영어에 대한 갈증과 부족함을 풀어 놓을 데가 없다는 것입니다. 하지만 그림과 같은 뇌의 작동 원리 때문에, 영어가 모국어가 아닌 이상 L2(외국어) 사용 시 이러한 어려움이 따르게 되는 거죠. 이를 간과하면 '영어 공부는 해도 해도 끝이 없구나. 나는 절대 원어민이 될 수 없어.'라는 절망에 빠지게 돼요. 통역을 하고 성인 학습자들을 가르치면서 저는 영어에 언어학적으로만 접근할 것이 아니라, 심리학적인 측면과 뇌 과학 측면으로 접근해야 한다는 것을 절감하고 있습니다.

영어 학습은 지식의 input과 output, 심리 컨트롤이 동시에 병행되어야 해요. 혹시 지금 지식의 input만 고집하고 있지는 않으신가요? 이 세 개의 탑이 동시에 올라가야 '영어의 고지'에 도달할 수 있습니다. 험난한 산을 오르는 산악대의 짐을 보면, 정상에 오르기 위해 침낭에서부터 생존 도구에 이르기까지 건장한 성인이 들어도 무거울 만큼 많은 것들이 포함되어 있어요. 맨몸으로 가도 힘든 산인데, 이렇게 많은 짐을 들고 산을 오르니 당연히 산행이 고행이 될 수밖에 없겠죠. 생존에 필요한 준비물만 챙겼는데도 산악대의 짐은 산을 오르는 사람의 어깨를 무겁게 짓누릅니다.

만약 조금 가볍게 산에 오르기 위해 비상식량 몇 개만 배낭에 넣었다고 가정해 보겠습니다. 산행을 하던 중 밤이 어두워져 비박을 해야 하는 상황에 침낭이 없어 야외에서 맨몸으로 취침해야 한다면 체온 조절 실패로 사망에 이를 수도 있어요. 로프가 무거워 '설마 무슨 일이 생기겠어?'라는 마음에 로프를 챙기지 않았다고 가정해 봐도 마찬가지입니다. 절벽 아래로 동료가 떨어졌는데 로프가 없어 동료를 구하지 못하는 상황이 발생할 수도 있어요.

다행히 로프는 챙겨서 동료에게 던져줬지만 동료가 너무 겁을 먹은 나머지 그 로프를 잡지 않는다면 결국 동료는 천 길 낭떠러지로 떨어져 생사조차 확인하지 못한 채 죽음을 맞이하게 될 거예요.

영어 공부는 험난한 에베레스트산을 등반하는 것과 같다고 생각합니다.

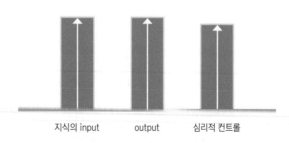

단순히 비상식량만 잔뜩 챙긴다고 해서 정상에 오를 수 있는 게 아닌 것처럼, 영어도 input, output, 심리 컨트롤이라는 세 개의 준비물을 잘 챙겨서 산에 올라야 해요.

그래프에서도 알 수 있듯이 이 세 가지 영역의 균형이 잘 맞아야 결국 영어로 말하는 것이 가능해집니다. 입을 열지 않고 지식만 쌓는다는 것은 등산 장비(input)만 잔뜩 사 놓고 산으로 가지 않는 것과 같고, 산까지는 갔는데(output) 위험이 닥쳤을 때 두려움을 깨지 못하고 밧줄을 놓아 버리면(심리적 컨트롤) 낭떠러지로 떨어지는 것과 같습니다. 반대로 아무리 자신감에 가득 차도 영어로 말하기 위해 필요한 최소한의 지식이 없다면 발전 없는 영어를 하게 됩니다. 세 가지 영역을 균형 있게 발달시키려면, input의 비중을 상대적으로 높게 잡고, input과 비슷한 수준으로 발화하고(output), 심리적인 부분도 함께 챙겨 가면서 영어에 접근해야 합니다.

혹시 지금 영어 공부가 잘 풀리지 않는 분들이 있다면, 이 세 개의 준비물을 챙겨 산을 오르고 있는지 한번 잘 생각해 보시기를 바랍니다.

5

우리는 영어를 몰라서
못하는 게 아니다
(feat. 강력한 동기 부여+소리+심리)

17년 동안 다양한 학생들을 만나면서 영어 정복에 성공하는 학생에게는 공통점이 존재한다는 사실을 발견했습니다. 강력한 동기 부여, 소리 학습, 심리 컨트롤, 이 세 가지 요소를 갖춘 학생들은 단기간 안에 놀라운 성취를 보여줬다는 거예요.

어느 날 두 딸을 둔 40대의 가장이자 사업가이신 분이 저를 찾아오셨습니다.

"선생님 저는 영어를 꼭 해야만 해요. 제게 두 딸이 있는데 딸들은 아빠가 영어를 잘하는 줄 알아요. 그런데 요즘 딸들이 원어민 과외 수업을 받고부터 딸들이 하는 영어를 오히려 제가 못 알아듣고 있어요."

간절한 눈빛으로 저를 찾아왔던 학생은 주 3회 수업을 듣고 수업이 없는 날에도 스스로 미드를 찾아서 듣고 모르는 부분이 나오면 꼭 제게 들고 와서 궁금했던 것들을 물어보곤 했습니다. 능동적으로 학습을 하는 학생들을 보면 선생인 저 역시 신이 나 밤을 새워서 학습 자료를 만들어도 지치지 않았죠. 교구를 만드느라 손에 묻은 풀이 떨어지기도 전에 이른 아침 수업을 하며 하나라도 더 알려주고 싶은 마음에 시간 가는 줄도 몰랐습니다. 강력한 동기 부여와 목표를 가진 학습자는 가르치는 선생님의 열정에도 기름을 붓기 마련이에요. 영어를 정복하기 위한 첫 번째 필수 조건은 높은 IQ도 좋은 학력도 아닌, 영어에 대한 절실함과 간절함입니다.

아무리 좋은 커리큘럼과 선생님이 있다고 해도 스스로 의지를 가지고 있지 않으면 좋은 성과를 내기 어려워요. 석 달이라는 시간 동안 학생은 패턴 학습과 미드, 영화를 통해 집중적으로 학습을 했습니다. 패턴을 단순히 암기하는 것이 아니라 패턴이 어떻게 소리가 나는지 그 원리를 이해하고 끊임없이 입으로 말하면서 자연스럽게 영어의 골격을 '소리'로 만들어 나갔죠. 기본적인 회화에 필요한 영어의 골격을 쌓아 올리는 동시에, 배운 표현들이 많이 녹아 있는 미드나 영화를 2분 정도로 끊은 영상을 보고 받아쓰고 녹음하는 과정을 수차례 반복했어요.

이 세 개의 프로세스(패턴 학습 + 받아쓰기 + 녹음)에는 복잡한 문법도 독해도 존재하지 않습니다. 오로지 귀와 입을 사용한 소리 학습으로, 이 과정을 통해 단시간에 영어 귀가 트이고 굳었던 입이 풀어지게 되는 거예요. 여기서 중요한 포인트는 녹음 과제를 꼭 커뮤니티 같은, 타인이 있는 공간에 올리는 것입니다. 언어를 불문하고 자신의 목소리를 듣는 것은 여간 곤욕스러운 일이 아니에요. 거기에 내가 어설프게 한 영어를 누군가가 듣는다면 어떨까요?

누군가가 듣는다고 생각하면 열 번이고 스무 번이고 반복해서라도 자신이 할 수 있는 최고의 결과를 만들어 내게 되죠. 이러한 심리를 이용하면 자연스럽게 반복해서 영어로 녹음하게 돼요. 처음 녹음 과제를 하고 난 뒤 대부분의 반응은 이렇습니다.

"선생님, 저 거짓말 안 하고 진짜 백 번은 녹음한 것 같아요."

"그래요? 그렇다면 성공이네요. 같은 표현을 백 번 말씀하셨으니, 이제 그 표현은 완전히 '내 것'이 된 거예요."

이렇게 학습한 학생들은 시간이 오래 지나도 배운 내용을 정확한 강세와 인토네이션으로 말하게 됩니다. 소리를 가지고 반복 학습을 했을 때 나타나는 강력한 효과인 것이죠. 내가 생각해도 '나 좀 멋있었어!'라고 느낀 적이 많아질수록 영어에 재미가 붙어요. 이 과정을 통해 학생들은 느끼지 못하지만 자연스럽게 영어에 대한 심리적 장벽을 허물어 나가게 됩니다.

영어를 어느 정도 잘한다고 생각하는 사람들도 막상 원어민 앞에 서면 굳어 버리고 평소보다 못한 실력으로 말을 하게 됩니다. 내가 만약 10,000시간 이상 몰입해서 소리 학습을 기준으로 영어 공부를 했음에도 그런 현상이 발생한다면 그 원인은 '심리'적인 부분에 있을 거예요. 심지어 훈련받은 통역사라고 할지라도 익숙하지 않은 억양을 구사하는 외국인을 만났을 때는 심리적인 긴장도가 올라가게 되는데요. 예를 들어, 미국 발음에 익숙한 통역사가 호주 연사의 강연을 통역한다고 생각해 볼게요. 미국 영어와 호주 영어는 사용하는 단어나 발음이 많이 다르기 때문에 아무리 영어를 자유롭게 구사할지라도 통역사는 호주식 영어에 당황하게 됩니다. 설상가상으로 연사가 호주 현지인들도 가끔 알아듣기 어렵다는 오지 영어[1] (Aussie English)를 구사하고 있다면 통역사는 시원하게 통역을 망치게 되고, 다음부터 호주인이 참여하는 행사의 통역 의뢰가 들어오면 왠지 찝찝한 마음으로 그 의뢰를 수락하게 될 거예요. 통역사는 애써 마음을 다잡으며 통역이 필요한 행사장으로 향하겠죠.

'이번엔 잘할 수 있겠지? 저번처럼 알아듣지 못하는 상황이 발생하면 어떻게 하지? 아냐. 잘할 수 있을 거야. 잘해야만 해!'

천근만근 무거운 마음을 이끌고 행사장에 도착하게 된 통역사. 호주 연사가 말을 하는 순간, 갑자기 통역사는 다시 얼음이 됩니다. 이처럼 영어를 말하는 데 있어 심리적인 장벽(psychological barrier)을 높이는 역할을 하는 것이 바로 트리거(trigger, 촉발제)입니다. 트리거는 영어 자체에 대한 트리거일 수도 있고, 특정 국가에 대한 영어일 수도 있고, 또 영어를 사용하는 장소가 될 수도 있어요. 위의 사례에서도 알 수 있듯이, 심리가 영어 회화에 미치는 영향은 절대 무시할 수 없답니다. 이런 심리적인 부분을 조절하기 위해 다양한 시도가 필요합니다. 영어 지식을 일방적으로 쏟아내는 방식이 아닌 학습자의 트리거가 무엇인지 충분한 대화를 통해 확인하고 심리적으로 취약한 부분을 어루만져 주는 것이 중요해요. 자신감이 부족한 학습자에게는 자신감을 회복할 수 있는 활동을, 자존감이 약한 학습자에게는 자존감을 올려줄 수 있는 활동과 함께 회화에 자연스럽게

---

1 Aussie(오지): 호주 현지인을 나타내는 속어

노출될 수 있도록 하죠.

여러분의 동기와 소리, 심리를 두루 살펴서 영어를 할 수 있는 최적의 공간을 찾아보세요. 이 책이 그것을 위한 밑거름이 된다면 더할 나위 없이 좋을 것 같아요.

6

작은 성취의 중요성
(feat. 쉬운 스피치부터 시작하자)

영어 실력을 드라마틱하게 향상시킬 수 있는 방법이 있을까요?

여러분도 아시겠지만, 단어만 많이 외운다고 해서, 〈CNN〉을 무작정 듣는다고 해서 영어가 갑자기 확 늘지는 않습니다. input만 늘리는 것보다는 어느 정도 지식이 쌓였을 때 performance를 할 기회를 계속 잡는 것이 핵심이에요. 진정한 성장은 전화 영어 회사에서 평가해 주는 레벨도 아니고 오픽 IH/AL을 받는 것도 아니랍니다. 온전히 나만의 것으로 만들 수 있는 performance를 하나둘씩 쌓아가는 게 중요해요. 그중 가장 좋은 방법이 스피치(speech, 연설)입니다.

'스피치? 나는 소심해서 그런 거 절대 못 해. 난 사람들 앞에만 서면 머릿속이 하얘져.'라고 생각하는 분들이 정말 많을 텐데요. 물론 스피치가 쉽지는 않습니다. 인간이 죽음을 앞두고 느끼는 공포감보다 퍼블릭 스피치 (public speech, 공개 연설)를 할 때의 공포감이 더 크다고 하니, 그 두려움은 우리의 상상을 뛰어넘을 거예요. 하지만 이 스피치도 습관으로 만들 수 있답니다. 대단한 연설보다는 자기소개나 나의 버킷 리스트 같은 익숙한 주제부터 시작하는 것이 좋아요. 꼭 암기하지 않아도 괜찮습니다. 오히려 암기해서 하는 스피치는 준비한 대사를 잊어버렸을 때 더 큰 혼란에 빠지기 때문에 큐카드를 이용하는 방법을 추천드려요. 발표를 위한 스크립트를 큰 글씨로 단락별로 정리해서 출력하는 것이 발표용 큐카드입니다.

스피치를 하기 전에, 스피치의 기본 골격에 대해서는 주변의 도움 또는 인터넷 검색을 통해 공부한 다음 원고를 써 보는 것이 좋습니다. 구글에 'speech format'을 검색하면 보기 쉬운 이미지로 스피치의 구조를 정리해 놓은 자료들을 금방 찾을 수 있어요.

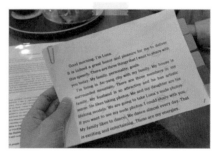

▲ 큐카드로 스피치 준비하기

주변에 원고를 첨삭해 줄 사람이 없다면 'Grammarly' 같은 웹사이트나 'ChatGPT' 같은 인공 지능 등을 이용해서 첨삭을 받는 것도 추천드려요. 이러한 웹사이트를 활용하여 작성한 원고를 같이 살펴볼까요? 아래의 글은 37세 주부께서 'Who am I'라는 주제로 쓴 원고입니다.

Good morning. I'm Luna.
안녕하세요. 전 루나라고 합니다.

It is indeed a great honor and pleasure for me to deliver this speech. There are three things that I want to share with you today. My family, personality, and, my goals.
이렇게 여러분께 발표를 할 수 있게 되어 굉장한 영광입니다. 오늘 여러분들과 세 가지 이야기를 나누고 싶습니다. 저의 가족, 성격, 목표에 대한 이야기입니다.

I'm living in An-yang city with my family. There are three members in my family, my husband, daughter, and me. My husband is so attractive and he has an artistic sense. He likes taking photos. My family likes to dance. We dance almost every day. That is exciting and entertaining.
저는 안양시에서 가족과 함께 살고 있어요. 남편, 딸, 저 이렇게 세 식구가 함께 살고 있죠. 남편은 매력적인 사람이고, 예술적인 감각이 있어요. 사진 찍는 것을 좋아하고요. 우리 가족은 춤추는 걸 좋아해요. 거의 매일 춤을 춰요. 엄청나게 신나고 재밌어요.

When I was young, I lived in near the seashore. The scenery was so beautiful. I still remember waiting for my parents while watching the sunset on the rooftop by the beach. Yard and sea were my friends. I realized that nature gave me food, stability, appreciation, waiting. Since then, I have been interested in gardening, food, and, cooking. My father is quite conservative, but he is attentive, humorous. He still polishes his daughters' shoes. My mother is a warm-hearted woman with a great sense of humor and positive mindset. Their personalities influence my behavior and attitude. I look up to my parents a lot, and I would like to follow in their footsteps.

전 어렸을 때 바닷가 근처에 살았어요. 경치가 정말 아름다웠어요. 아직도 바닷가 옥상에서 일몰을 바라보며 부모님을 기다리던 기억이 생생하죠. 들판과 바다는 제게 친구 같은 존재였어요. 자연이 우리에게 음식, 안정감, 감사함, 기다림을 준다는 것을 알게 되었어요. 그때 이후부터 원예, 음식, 요리에 관심을 가지게 되었어요. 저희 아버지는 꽤 보수적인 분이시지만, 배려심과 유머가 있는 분이세요. 여전히 딸들의 신발을 직접 닦아 주실 정도로 자상하세요. 저희 어머니는 유머 감각이 넘치시고 긍정적인 마인드를 갖고 계신, 마음이 따뜻한 분이세요. 제 행동과 태도는 저희 부모님의 성격의 영향을 받았습니다. 전 부모님을 매우 존경하고 있고, 두 분이 걸어가신 그 길을 따라가고 싶어요.

That interest has led me to the field of nutrition. I majored in food nutrition, and then I worked as a nutritionist at SINSEGAE. I was a representative of colleagues. I had a good reputation in the company. Back then, I was too much obsessed with my work. I wasn't able to sleep because of work. I thought I need to defeat everyone. After all, I got a tuberculosis. I felt in emptiness. And then I went to America with my boyfriend. He proposed to me and raised me up. I thought about my future bread and butter. As soon as I got back from the States I left the company. I decided to teach math because I taught nutrition, math to elementary students with professors as a part of a talent donation in university. Teaching math was so exciting, fulfilling and funny! In the future, I would like to teach math or cooking in English using my experiences and major. English is significant to me. I met a special teacher in high school. I liked him, so I liked English, too. Fortunately, I am learning English from Julia now. So I am enjoying it cause it's funny! I look forward to teaching math and cooking in English in the future. For the last time, I want to share good things with people by spreading my positive energies.

Thanks for listening my story and have a great day.

그런 저의 흥미가 저를 영양학이라는 분야로 이끌었습니다. 전 대학에서 식품영양학을 전공하고 신세계에서 영양사로 근무했습니다. 동기 대표로 활동하기도 하고, 회사에서 인정받으며 근무했습니다. 그때 당시 전 일에 너무 집착했습니다. 일 때문에 잠을 이루지 못한 날도 많았습니다. 그때는 제가 모든 사람들을 다 이겨야만 한다고 생각했었죠. 결국 전 결핵에 걸리게 되었고, 그때 공허함을 많이 느꼈었어요. 그 무렵 전 남자 친구를 따라 미국에 갔습니다. 남자 친구는 제게 청혼했고, 절 다시 일으켜 세워줬습니다. 앞으로 뭐 해 먹고살지 미래에 대해 생각하게 되었습니다. 미국에서 돌아오자마자 전 회사를 그만두었고, 수학을 가르쳐야겠다고 결심했는데, 대학생 시절에 교수님들과 함께 일종의 재능 기부 형식으로 초등학교 아이들에게 영양학과 수학을 가르친 적이 있었어요. 수학을 가르치는 일이 매우 흥미롭고, 성취감 있고 재미있었어요. 앞으로 제 목표는 저의 경험과 전공을 활용해서 영어로 수학이나 요리를 가르치는 것이에요. 영어는 제게 중요한 의미가 있어요. 고등학교 재학 시절 특별한 영어 선생님을 만났고, 그 선생님을 좋아했습니다. 그래서 자연스레 영어라는 과목도 좋아하게 되었고요. 다행히도 지금 전 줄리아 선생님을 만나 영어를 다시 즐겁게 공부할 수 있게 되었습니다. 언젠가는 꼭 영어로 수학과 요리를 가르치고 싶어요.
마지막으로, 전 저의 긍정 에너지를 전파해서 제가 가지고 있는 좋은 것들
을 사람들과 함께 나누고 싶어요.
오늘 제 이야기를 들어 주셔서 감사합니다. 좋은 하루 보내세요.

일주일 동안 준비를 마친 그녀는 자신의 유년 시절 이야기부터 커리어,
연애, 앞으로의 꿈 이야기까지 한 편의 멋진 스토리를 들려주었습니다.
이렇게 접근하기 쉬운 주제로 영작을 해 보고, 해당 주제로 프레젠테이션
도 만들어 보고 직접 발표까지 하면서 영어에 대한 자신감을 한층 끌어올
릴 수 있답니다.

꾸준히 공부하는데 영어가 늘지 않아서 답답하다면, 꾸준한 input만이
답이 아니라 input을 하는 과정에서 반드시 '직접 만들고 완성하는 퍼포먼
스'가 필요해요. 한 달에 한 번씩 하나의 주제를 가지고 글을 쓴 다음, 직
접 영어로 말해 보세요. 거창한 강연장이나 많은 관객이 없어도 충분히 훌
륭한 스피치를 할 수 있습니다. 너무 부끄럽다고 느껴지면 핸드폰으로 동
영상 버튼을 누른 뒤 혼자서 스피치 하는 모습을 화면에 담아보는 것도 좋
아요. 이 과정을 반복하다 보면, 영어 실력이 드라마틱하게 향상된 걸 느
낄 수 있을 거예요.

스피치를 하는 게 너무 부담스럽다면 필사하는 방법도 있어요. 하루에
딱 10분만 투자해서 좋은 글귀를 필사하고 해석 연습을 하다 보면, 한 달

▲ 자신에게 익숙한 주제로 스피치를 하는 수강생들

뒤에 꽤 많은 양의 영어에 노출되게 됩니다. 매일 아침 하루를 시작하기 전에 책상에 앉아 마음이 차분해지는 음악을 틀어 놓고 따뜻한 차 한 잔과 함께 필사를 즐기다 보면, 어느새 영어뿐만 아니라 심적으로도 편안한 상태가 된답니다. 영어는 정복의 대상이 아니라 여정 그 자체라는 걸 잊지 마세요. 머릿속에 억지로 영어 지식을 욱여넣는 것이 아니라, 영어 외에 필사하던 그 순간 느꼈던 종이의 향, 온도, 노래를 함께 기억해보세요. 실제로 단순히 하나의 감각만 사용해서 학습하는 것보다 여러 감각을 사용해서 학습하면 그 학습 효과가 더 오래간답니다.

필사를 위한 좋은 글은 책에서 따와도 좋고 구글에 'inspirational words' 또는 'motivational words'라고 검색한 후, 리스트를 출력해도 좋습니다. 최근에는 한 달 동안 필사를 함께하는 모임도 많이 개설되는 추세고 비용도 한 달에 만 원 수준으로 저렴하니, 이러한 필사 모임을 이용하는 것도 추천해 드려요. 독해 실력을 향상시키고 싶을 때 영어 소설이나 영자 신문을 먼저 떠올리는데, 짧은 호흡의 글을 꾸준히 필사하면 긴 호흡

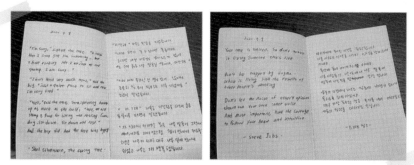

▲ 필사 노트

의 신문이나 소설을 읽는 데 훨씬 수월해짐을 느낄 수 있을 거예요.

저는 아직도 제가 영어 공부를 처음 시작했을 때부터 대학원 생활을 하면서 녹음한 파일을 모두 간직하고 있습니다. 영어 실력이 늘지 않아 답답할 때면 과거의 녹음을 듣곤 해요. 녹음을 들을 때마다 '와, 지금보다 더 못했네!'라는 생각과 '예전보다는 그래도 많이 성장했구나.'라는 생각을 동시에 하게 됩니다. 학습한 내용을 귀로 듣고 손으로 쓰고 입으로 중얼거리는 것 다음으로 가장 중요한 단계가 내 목소리를 녹음 또는 녹화하는 것인데요. 이 과정을 통해 배운 내용을 다지고 확실히 내 것으로 만들 수 있기 때문에 반드시 이 과정을 거쳐야 한답니다.

원어민과 자연스럽고 편하게 대화하기 위해서는 그 과정 속에 수많은 단계가 필요한데요. 그 단계를 가장 가시적으로 보여줄 수 있는 게 바로 자신의 영어를 녹음 또는 녹화해 보는 거예요. 녹음하면서 학습하기 좋은 콘텐츠로는 1~2분 정도의 미드나 영화의 짧은 장면이나, 본인의 레벨에 맞는 간단한 영어 뉴스, 영자 소설 등이 있어요. 매일 짧은 분량의 영어를 말해 보고 SNS에 올리는 챌린지에 참여해도 좋고, 이런 챌린지가 쑥스럽다면 혼자서라도 녹음해 보는 걸 추천해 드려요.

마지막으로, 평상시에 하고 싶던 말들을 하루에 다섯 개씩 먼저 한글로 적고, 그 옆엔 영어로 적어 보는 방법도 영어 실력을 향상시키는 데 아주 좋은 방법이에요. 예를 들어, 회사에서 영어로 통화를 하는 게 어려웠다면 이런 예문을 적어 보는 거예요.

1. 실례지만 어디시라고요?
   Who's calling, please?

2. 메모 남겨드릴까요?
   Would you like to leave a message?

3. 전화 수신 상태가 안 좋네요.
   I have bad reception.

4. 담당자께 연결해 드릴게요.
   Let me transfer this call to someone in charge.

5. 계속 진행 상황을 알려주세요.
   Keep me posted.

반대로, 영어 표현을 먼저 적고 한글을 적는 방법도 좋습니다.

1. He flaked on me again.
   그가 또 나를 바람맞혔어.

2. Our marriage is still up in the air.
   아직 결혼 계획은 확실하지 않아.

3. He is so wishy-washy.
   그는 너무 우유부단해.

4. I have a terrible hangover.
   숙취가 너무 심해.

5. I need a hair of the dog.
   해장술을 마셔야겠어.

평소에 궁금했던 표현들이나 자주 사용할 만한 표현들 위주로 다섯 개씩 정리하다 보면, 한 달만 지나도 꽤 많은 양의 표현이 쌓이는 것을 눈으로 확인할 수 있을 거예요.

#7

당근과 채찍
(feat. 인정과 건전한 조언이 가지는 힘)

성취감만큼 중요한 게 바로 '인정'입니다. 영어 공부를 하면서 우리가 받는 인정은 기껏 해 봐야 공인 영어 점수 정도일 거예요. 어렸을 때를 생각해 보면, 학습지 선생님이 '참 잘했어요' 도장을 꾹 찍어 주셨는데 성인이 되고 나서는 나를 인정해 주는 곳이 별로 없어서 서글플 때가 있죠? 우리의 영어 공부에 기름을 붓는 건 누군가의 차가운 독설이 될 수도 있고 사회의 냉담한 거절이 될 수도 있지만, 그런 것들보다는 따뜻한 위로나 인정을 통해 앞으로 나아갈 동력을 얻을 수 있다면 얼마나 좋을까요?

국내에서 혼자 영어 공부를 하면서 '참 외로운 싸움이구나.'라는 생각을 자주 했어요. 느껴지지도 않을 만큼 더디게 향상되는 영어 실력을 보면서 여지없이 무너지곤 했죠. 그럴 때마다 저를 다시 일으켜 세운 건 저 자신에게 건넨 '칭찬과 인정'이었습니다.

'적어도 이번 주는 수업 시간에 쫓겨나지는 않았잖아. 첫 수업보다는 분명히 나아졌어.'

'미드에서 들었던 그 표현을 방금 써먹었네? 미드 열심히 보고 이렇게 써먹을 수 있으니까 넷플릭스 월정액 요금을 이번 달에도 내줘야겠는걸?'

'와, 내가 영어로 프레젠테이션을 하다니! 이건 진짜 장족의 발전이다. 오늘은 수고한 나를 위해서 와인 한 병을 선물해야지.'

저도 이렇게 순간순간 스스로를 다독이면서 지금까지 '영어'라는 여정을 이어오고 있어요. 고등학교 때 마라톤 선수들을 돕는 봉사 활동을 한 적이 있는데요. 이미 너무 오래 뛰어서 탈진 상태에 이른 선수들에게 생수를 건네며 응원하는 봉사 활동이었습니다. 멀리서 뛰어오는 선수들은 이미 심신이 지쳐 한 걸음조차 떼기 어려워 보였어요. 생수를 마시고 싶어도 생수와 바나나가 있는 곳까지 올 힘조차 없어, 그냥 지나치는 모습을 보고 생각했습니다. '내가 조금만 더 적극적으로 옆으로 가서 힘을 주면 어떨까?'

선수들이 달려올 때부터 차가운 생수를 손에 쥐고 선수의 진로에 방해가 되지 않는 선에서 다가가 물을 건네며 말했습니다. "이제 다 왔어요. 이 물을 드시고 심호흡 한 번 하시고 끝까지 뛰어가세요. 반드시 완주하실 거예요!"

기력을 다 소진했음에도 물 한 모금, 따뜻한 응원 한마디에 다시 힘을 내어 전력으로 질주하는 선수들의 모습을 보며 생각했습니다. '누군가의 말 한마디가, 아주 조금의 물 한 모금이 누군가를 다시 뛰게 하는구나.' 그 때의 기억이 너무 강하게 남아서인지, 삶을 대하는 방식에 있어서 저는 채 찍을 가하는 사람보다는 당근을 넘치게 주는 사람이 되었습니다. 때때로 학생들이 이런 이야기를 할 정도로 말이죠.

"선생님이랑 영어를 하면 마치 제가 영어를 잘하는 사람처럼 느껴져요. 여전히 저는 영어로 말하는 게 너무 두려운데 말이에요."

그렇다고 항상 당근만 투척하는 건 아니에요. 가끔은 당근을 가장한 채 찍을 때리기도 하죠.

"선생님, 마요네즈가 마요네즈가 아닌가요?"

"[마요네즈]라고 발음하면 미국 가서 마요네즈를 구하기 어려울 거예요. [메이어네이즈]로 발음한다고 생각하고 말해 보세요."

그러자 학생이 중국어로 '~이 없다'라는 뜻을 가진 단어인 [메이요우] 소리와 비슷하게 요상한 억양으로 발음했습니다. 발음이 이상할 때면 "발 음이 틀렸어요."라고 말하기보다는 "지금 방금 중국어가 들렸는데?"라 며 최대한 민망하지 않게 잘못된 부분을 바로잡는 편이에요. 무작정 칭찬 만 받게 되면 잘못된 부분을 고치기가 쉽지 않기 때문에 적당한 채찍은 필 요합니다. 하지만 이 채찍에도 기술이 필요하답니다. 학습자의 의지를 꺾 지 않으면서 '아, 내가 이걸 이렇게 알고 있었구나, 이건 원래 이런 소리구 나.'라고 받아들일 수 있게 만들어줘야 해요. 이렇게 영어 학습에 '당근'과 '채찍'이 있어야만 학습자는 포기하지 않고 끝까지 영어를 할 수 있게 됩 니다. 또한, 이 당근과 채찍은 흘러가는 이야기에서 끝나는 것이 아니라 학습자가 자신의 강점을 다시 보고 자신감을 얻고 부족한 점은 보완할 수 있도록 꼭 문서로 남겨야 해요.

　심리적인 격려와 칭찬도 물론 중요하지만 때로는 눈에 보이는 물질적인 보상이 좋은 동기 부여가 될 수도 있습니다. 저는 인간을 움직이는 강력한 동기가 무엇일까 고민하다가 '정말로 돈을 보상으로 주면 어떨까?'라는 생각을 하게 되었어요. 물론 가짜 달러지만 말이죠. 학생들이 과제를 성실히 수행해 오면 1달러, 수업 시간에 열심히 집중해서 퀴즈를 맞히면 2달러, 과제 우수자는 통 크게 5달러 이런 식으로 리워드 시스템(reward system, 보상 시스템)을 만들었습니다. '성인들이 가짜 달러를 받으면 좋아하겠냐.'라는 의견이 있을 수 있지만 반응은 의외로 폭발적이었어요. 버저(buzzer)가 부서질 정도로 서로 발표하려 하고, 과제 우수자로 선정되기 위해서 10시간씩 녹음에 매달리는 학생들도 부지기수였죠. 그렇게 모은 달러는 원하는 물건으로 교환할 수 있도록 마켓을 마련해서 영어 도서, 팬시용품 등 다양한 상품으로 교환할 수 있게 했답니다.

▲ 가짜 달러용 마켓에서 물건을 고르는 학생들

　주변에 이런 요상한 학원이 없다면 셀프 보상을 해 주는 것도 좋아요.

영어책 한 권을 다 읽으면 스스로를 위해서 신발 한 켤레를 선물하거나 원하는 공인 영어 성적이 나오면 나를 위한 여행 티켓을 구매하는 등의 방법으로 자신을 격려하는 거죠. 그동안 자신을 채찍질하기만 한 건 아닌지 곰곰이 생각해 보세요. 그리고 무엇보다도 스스로를 경주마라고 생각하지 않으셨으면 좋겠어요. 가끔은 쉬어가기도 하고 당근도 먹으면서, 오랜 시간 동안 '영어'라는 세상으로 여행을 떠난다고 생각해 보세요. 당신의 여정에는 좋은 멘토가 함께하고 있나요? 충분한 당근을 섭취하고 있나요?

힘들면 잠시 쉬어가도 괜찮아요. 목도 축이고 당근도 먹고 그렇게 목적지를 향해 조금씩 나아가면 된답니다.

#8

인디언의 지팡이
(feat. 쏟아내는 영어가 아닌 소통하는 영어 하기)

'인디언의 지팡이'라고 들어 본 적이 있나요? 인디언들은 지팡이를 쥔 사람이 이야기를 끝내기 전까지 그 사람의 이야기를 끝까지 들어주고 이야기를 마치면 그 지팡이를 다음 사람에게 넘긴다고 해요. 대화를 넘어 소통하기 위해서는 말하는 것도 중요하지만, 상대방의 이야기를 듣는 것과 상대방의 이야기를 끌어내는 것도 중요하다고 생각합니다.

영어로 조금 입이 트이게 되면 외국인에게 말을 걸고 싶어지고, 아는 표현을 최대한 활용해서 대화하고 싶어지죠? 원어민도 영어가 우리의 모국어가 아님을 감안해서 이야기를 들어주지만, 언제까지 원어민을 붙잡고 내가 아는 표현들만 쏟아낼 수는 없어요. 원어민도 사람이니까요. 원활한 소통과 공감을 이끌어내기 위해서는 원어민에게도 지팡이를 건넬 줄 알아야 한답니다.

의문문을 만들 수 있게 되면 단순히 내가 아는 영어를 사용하는 단계에서 한 단계 더 나아가 원어민에게 직접 질문을 하고 상대와 좀 더 깊은 소통을 할 수 있게 됩니다. 영어로 질문을 잘하기 위해서는 문법을 달달 외우는 게 아니라 다양한 인터뷰나 토크쇼 등을 접하고, 그 표현들에 자주 노출되어 자연스럽게 의문문을 만들 수 있어야 해요. 의문문을 영어로 만들려고 하면 머릿속에서는 'Are you ~?'를 써야 할지 'Do you ~?'를 써야 할지 등등 문법적인 부분을 생각하느라고 차마 영어가 입 밖으로 나오지 않을 텐데요. 설령 문법적으로 완벽하진 않더라도 의문형을 자주 듣고 입으로 말해 보는 연습을 한다면 어느새 의문형에 맞는 문법과 억양, 리듬을 자연스럽게 익힐 수 있답니다. 문법이 회화의 발목을 잡을 땐 '문법 까짓것 조금 틀려도 괜찮아. 느낌부터 천천히 익히고 가자.'라는 마음으로 배우면 그만이에요. 이렇게 마음을 먹는다면 천천히 즐기면서 영어 공부를 할 수 있어요. 그런 의미에서 의문문을 공부할 수 있는 좋은 콘텐츠를 몇 개 소개해 드릴게요.

1. Vogue 73 Questions

2. The Ellen Show

3. The Oprah Winfrey Show

4. Larry King Live

5. Conan Show

의문문을 집약적으로, 단기간에 학습할 수 있는 콘텐츠는 단연코 〈Vogue 73 Questions〉입니다. 영상들의 기본 질문 형태가 거의 유사하기 때문에 영상 속 유명 인사는 바뀌지만 질문은 비슷하게 반복돼요. 그래서 의문문의 형태를 자연스럽게 익힐 수 있답니다. 학교 다닐 때 배웠던 현재완료 용법을 기억하시나요?

제 기억엔 학교에서 현재완료를 이렇게 배웠던 것 같아요. "현재완료의 용법은 경험, 계속, 결과, 완료의 네 가지 용법으로 나뉘는데 have p.p.를 사용합니다." 그때 제 머릿속에는 'p.p.? p.p.가 뭐지?, 뭔지는 모르겠지만 선생님이 외우라고 하시니 그냥 외워야겠다.'라는 생각밖에 없었던 것 같아요.

여러분이 기억하는 현재완료는 어떤가요? 여러분이 알고 있는 문법적 지식으로 아래의 문장을 한번 만들어 볼까요?

✚ 이 동네에 사신 지 얼마나 되셨어요?
　How long have you been in this neighborhood?

✚ 살면서 해 본 일 중에 가장 멋진 일은 무엇이었나요?
　What's the coolest thing that you've ever done in your life?

만약 위의 두 개의 질문을 영어로 바꾸지 못했다면 우리가 학교에서 배웠던 현재완료는 그저 책 속에 갇혀 있는 지식일 뿐이에요. 위의 질문은 〈Vogue 73 Questions〉에 등장하는 단골 질문들로, 비슷하게 계속 반복되기 때문에 억지로 외우지 않아도 자연스럽게 머릿속에 남게 된답니다.

어려운 문법 개념을 사용했지만 비교적 쉽게 익힐 수 있는 문장이죠.

진정한 소통의 시작은 경청, 그리고 상대방의 이야기를 끌어내고 공감하는 데 있습니다. 의문문을 사용해서 상대방의 이야기에 귀 기울여 보세요. '의문문은 복잡해. 대답하는 것도 힘든데 내가 무슨 질문이야.'라고 생각하지 말고 차근차근 쉬운 질문부터 만들어 나가 보는 거예요.

➕ 당신은 학생인가요?
Are you a student?

➕ 반려동물을 키우시나요?
Do you have a pet?

➕ 롤 모델이 누구인가요?
Who's your role model?

➕ 가장 좋아하는 영화가 무엇인가요?
What's your favorite movie of all time?

➕ 뉴욕에 가 본 적이 있나요?
Have you ever been to New York?

➕ 해외에서 사는 걸 생각해 본 적이 있나요?
Have you ever thought about living abroad?

➕ 결혼하신 지 얼마나 됐나요?
How long have you been married?

✤ 살아오면서 당신이 한 최악의 실수는 무엇인가요?
What is the worst mistake you've ever made in your life?

　지팡이 깎는 노인처럼 하루하루 조금씩 질문을 익혀 보고, 익힌 질문을 사용해서 대화의 물꼬를 터 보세요. 이런 식으로 접근하다 보면, 어느새 소통을 위한 근사한 지팡이가 만들어지게 될 거예요.

9

목소리 컨트롤

　엄밀히 말하면 영어와 한국어는 같은 소리가 하나도 존재하지 않을 정도로 전혀 다른 소리를 사용하는 언어입니다. 한국어와 일본어는 소리의 강세가 발달하지 않은 흉식 발성을 사용한다면, 영어와 유럽어는 호흡이 가미되고 강세가 있는 복식 발성을 사용하는데요. 이 때문에 유럽 사람들이 영어를 할 때와 동양 사람들이 영어를 말할 때 서로 다른 느낌이 나는 거예요. 유럽 사람들이 영어를 하면 특유의 억양은 있지만 영어가 어색하게 들리지 않는데, 동양 사람들의 영어는 유럽인의 그것에 비해 어색한 편이잖아요. 특히 한국 사람들은 한국어 소리에 영어를 억지로 끼워 맞춰서 발음하는 경향이 있어요. 발음뿐만 아니라 소리의 높낮이, 강세, 리듬, 멜로디 모두 영어에 있어 매우 중요한 요소인데 말이죠. 하지만 한국에서 영어를 공부하면서 소리와 발성의 중요성을 가르쳐 주는 선생님을 만나는 건 하늘의 별 따기와 같답니다.

왜 'actor'를 발음할 때 [애] 사운드에서 독침 쏘듯이 [액!]이라고 소리가 나는지, 어째서 'have'를 발음할 때 공기가 빠져나가는 소리가 나는지, 동사와 동사를 연결하는 'to'는 왜 침 뱉듯이 [툭] 하고 소리가 나는지…. 여러 번 들으며 입으로 따라 해 보면 자연스레 그 원리를 깨쳐 나갈 수 있어요. 발음의 원리를 깨닫고 나면 또 두 번째 관문이 앞을 가로막죠. 바로 '목소리 컨트롤(voice control)'인데요. 목소리를 컨트롤할 줄 알아야만 영어다운 영어를 할 수 있습니다. 소리는 '호흡 → 발성 → 발음' 순서로 만들어지기 때문에 발음보다 먼저 이해해야 하는 게 바로 호흡과 발성이에요.

한 오디션 프로그램에서 가수 박진영 씨가 참가자들에게 공기 반 소리 반에 집착하는 모습을 보인 적이 있죠? '노래만 잘하면 됐지, 공기가 무슨 상관이야.'라는 생각을 한 분들이 저 외에도 많을 것 같은데요. 박진영 씨가 이렇게 공기와 소리에 집착한 이유는 바로 노래를 잘하기 위한 기본기가 바로 '호흡'에 있기 때문이에요. 노래를 잘하는 사람들 중에 영어를 잘하는 사람들을 종종 볼 수 있는데, 그 이유는 노래를 통해서 호흡을 적절하게 조절할 수 있는 능력이 길러졌기 때문이라고 생각합니다. 예전에 TV를 보다가 가수들이 산에 올라가면서 노래 연습을 하는 것을 본 적이 있어요. 그때 그 가수가 말한 게 제게 중요한 인사이트를 주었답니다.

"산을 탈 때, 배에 힘을 딱! 주고
복식으로 노래 부르는 연습을 하고 있어요."

그때 제가 얻은 인사이트는 바로 '배에 힘 딱 주기'였어요. 배에 힘을 주고 영어를 발음하니 확실히 영어가 영어다워지는 걸 느낄 수 있었거든요. 복식 호흡에서 영감을 얻은 다음부터는 매일 아침 가장 먼저 하는 일과가 복근 운동이 되었죠. 추천하는 복근 운동 방법은 윗몸 일으키기나 필라테스 링을 끼고 다리를 위아래로 올렸다 내렸다 하는 것을 반복하는 거예요. 철봉에 매달려 다리를 위아래로 굽히지 않고 올렸다 내렸다 하는 방법도 좋습니다.

그리고 목소리 컨트롤을 위해 복근의 힘만큼이나 중요한 게 바로 구강 구조에 대한 이해랍니다. '영어를 어느 정도 말할 수 있게 되었는데 왜 내 영어는 원어민처럼 들리지 않을까?'라는 고민을 하게 된 다음부터 책상에 앉아 있는 시간보다 거울 앞에서 구강 구조나 아래턱을 관찰하는 시간이 늘어나게 되었어요. 원어민과 똑같이 소리를 내고 싶다는 열망 때문에 아래턱이 빠지는 일도 종종 겪게 되었죠. 발성과 소리의 중요성을 강조하기 위해서 저는 함께 공부하는 학생분들에게 제 턱 교정 밴드를 물려받을 후계자를 찾는다고 말하곤 합니다. 우스갯소리로 들릴 수도 있지만, 이 말이 시사하는 바는 그만큼 공기, 혀, 하관을 제대로 써서 영어를 해야 한다는 것을 의미해요. 동양인과 서양인의 입 크기를 자세히 살펴보면 서양인들의 입이 유독 크다는 사실을 알 수 있는데요. 영어는 입을 옆으로 찢고 크게 벌리면서 말하는 언어이기 때문에 후천적으로 입이 커지는 경우가 많습니다.

배에 힘을 딱 주고 아래턱을 활발하게 쓰면서 영어를 사용하게 되었다면 이제 또 다른 중요한 포인트를 이해해야 하는데요. 바로 '공명(共鳴)'입니다. 공명이란, '함께할 공(共), 울릴 명(鳴)'이란 한자의 조합으로, '함께 울리는 것'을 의미해요. 어느 날 지하철에서 한 무리의 원어민들이 대화하는 것을 듣고 있었습니다. 똑같이 수다를 떨어도 한국인들이 하는 말은 소음이라고 여겨지지 않을 정도로 낮은 주파수대에 있었는데, 서양인들이 하는 말은 지하철 내부를 울릴 만큼 공간을 꽉 채우는 소리여서 당시에 옆에 앉아 계시던 할아버지 한 분께서 외국인분들에게 "거 좀 조용히 합시다!"라고 하신 적이 있어요. 이러한 예를 통해서도 알 수 있듯이 서양인과 한국인은 소리의 울림 자체가 다르다고 볼 수 있습니다. 소리의 울림을 이해하기 위해서는 혀의 위치를 이해해야 하는데요. 한국인들은 가장 편안한 상태일 때 혀가 다소 위쪽에 위치한다고 합니다. 반면 서양인들은 혀가 아래를 향해 있죠. 한국어에는 받침소리가 많기 때문에 언제든지 공기의 흐름을 차단해서 받침을 만들어 내기 위해 혀가 무의식적으로 위를 향해 있다고 해요. 혀의 위치가 위를 향하게 되면 목구멍이 좁아지기 때문에 공기의 흐름이 막히게 되거든요. 반대로, 서양인들의 혀는 무의식적으로 아래로 향해 있기 때문에 성대의 공간이 넓어져 공기가 자유롭게 드나들 수 있습니다. 노래할 때 고음을 내기 위해서는 혀를 아래에 위치시키고 성대를 활짝 열어 고음을 내는 것과 같은 원리예요.

　그럼 어떻게 하면 공명을 훈련할 수 있을까요? 우선 가장 쉬운 방법은, 의식적으로 혀를 아래로 위치시키는 훈련을 하는 거예요. 무의식중에 올라가려는 혀를 일부러 아래로 내려 주는 훈련을 반복하는 거죠. 두 번째 방법은 일명 '공룡 소리내기 훈련'입니다. 천장을 뚫는다는 느낌으로 머리를 살짝 뒤로 젖힌 다음, 성대를 활짝 열고 '아~'라고 자신이 낼 수 있는 가장 높은 음으로 소리를 내는 거예요. 마치 티라노사우루스가 먹잇감을 놓쳐 분노하는 것과 같이 크게 소리를 내 보세요. 반대로 바닥을 뚫는다는 느낌으로 턱을 아래로 떨군 상태에서 성대를 아래로 열고 '아~'라고 자신이 낼 수 있는 가장 낮은 음도 내 보시고요. 이때는 공룡이 폭염 속에서 더위를 식히고자 물구덩이에 들어가서 '아~'라고 소리를 낸다고 생각하고 소리를 내 보면 쉽답니다.

영어를 원어민답게 하기 위해서는 단순히 원어민이 사용하는 표현을 외워서 한국식으로 발음하고 소리 내는 것이 아니라는 걸 이번 장을 통해 알게 되셨을 거예요. 앞으로 영어를 할 때 영어 발음 기호를 이해하려는 노력만큼이나 소리와 호흡에 대한 훈련도 함께 해 보세요. 머지않아 내 영어가 꽤나 그럴듯하게 들리는 날이 오게 될 테니까요.

#10

영어는 여행이 아닌 여정
(feat. 영어 공부 잠깐만 쉬어가도 되나요?)

"영어 회화 공부한다고 여기저기 학원도 다니고 전화 영어도 했었는데, 지금은 손 놓은 지가 꽤 됐어요."

"얼마나 되셨는데요?"

"한 2~3년?"

"저도 머리 깎고 산에 2~3년만 있다 오면 아마 지금 사용하고 있는 영어의 반도 말하지 못할 거예요."

영어 공부를 집중적으로 하는 시기는 물론 필요하지만, 언어 학습은 몇 개월, 몇 년 바짝 해서 끝낼 수 있는 게 아닙니다. 이렇게 학습하지 않는 기간이 길어지면 길어질수록 열심히 공부했던 내용은 머릿속에서 자연스럽게 잊힐 수밖에 없어요. 영어를 공부한 시간이 꽤 쌓이고 실력이 임계치를 넘었다면 언어 공부를 잠시 놓는다고 해서 바로 전부를 잊어버리지는 않지만, 임계치를 넘지 못한 일반 학습자라면 공부에서 손을 뗀 기간이 길어질수록 기존에 학습했던 것들까지 말짱 도루묵이 될 수 있습니다.

'헉! 그럼 제가 그동안 공부한 것들이 조금만 쉬어도 다 사라진다는 말씀이신가요?'

너무 놀라실 필요는 없어요. 완전히 사라진다기보다는 '잠들어 있다' 정도로 생각하면 적절하니까요. 열심히 학습한 내용, 특히 오감을 이용해서 학습한 내용은 오랜 시간이 지나도 분명 머릿속 저장 장치에 남아 있지만, 자주 꺼내 쓰지 않는다면 이 기억들조차 날아갈 확률이 높아요. 기억은 놋그릇 같아서 쓰면 쓸수록 더 윤이 나고 빛이 난답니다. 놋그릇은 오랫동안 사용하지 않으면 녹이 슬지만, 매일 사용하면 특별히 관리하지 않아도 반짝반짝 빛이 나거든요. 언어도 마찬가지예요. 매일 의식하고 사용하면 조금씩 실력이 느는 반면, 가끔 학습하고 사용한다면 실력이 늘기는커녕 스트레스만 늘게 될 거예요.

제 경험상 쉬는 시간이 최대 2주는 넘어가지 않는 걸 추천드립니다. 2주간 새로운 학습이 진행되지 않는다고 해서 실력이 퇴보하는 건 아니지만, 인간의 심리상 무언가 2주 이상 꾸준히 하지 않고 늘어지면 포기할 확률이 높아지기 때문이에요. 의외로 영어 학습을 매일 하는 건 어렵지 않습니다. 심각하게 책상에 앉아서 단어를 외우거나 인강을 보지 않아도 괜찮아요. 유튜브를 통해 평소 즐겨 보는 미드를 보며 유용한 표현을 하나라도 익히면 충분하니까요.

학습법 또한 괴로울 필요가 전혀 없는데요. 매일 뉴스만 청취하거나 주

5일 전화 영어를 하는 식으로 자신에게 스트레스를 주는 방식이 아니라, 오늘은 영어로 된 구절을 필사를 해 보거나 영어 소설책 한 페이지를 녹음해 보거나 하는 방식으로 '매일 새롭게, 내가 즐거운 방법'을 찾아보는 게 중요해요. 언어는 수학처럼 공식이나 정답이 있는 게 아니잖아요. 공인영어 성적에 따라 줄 서기를 하는 것은 더더욱 아니고요. 영어는 '여정' 같은 거라서, 무작정 여행길에 올라 뜻하지 않게 풍랑을 맞기도 하고, 예상치 못한 좋은 친구들을 만나기도 하는 그런 '여정'이에요. 과정이 중요하고, 꽤 오랜 시간이 드는 그런 여정 말이죠.

몇 년 전 여행 작가 겸 화가이신 김물길 님의 강연을 우연히 듣게 되었습니다. 그녀는 우연히 떠난 여행길에서 여행의 즐거움을 느끼고 2년 반 동안 돈을 모아 세계 여행을 떠나게 됩니다. 여행 자금을 마련하기 위해서 투잡까지 뛰며 휴학을 감행한 뒤 여행을 떠나게 되죠. 그렇게 꿈에 그리던 세계 여행을 시작했지만, 그녀의 여행은 마냥 순탄하지만은 않았습니다. 여행 중 짐을 잃어버리기도 하고, 원인 모를 통증에 죽을 만큼 아픈 순간도 있었어요. 하지만 그녀는 포기하지 않았어요. 그런 그녀가 여행 중 꼭 지켰던 자신만의 원칙이 하나 있다고 합니다. 첫째는 매일 보고 느낀 것을 그림으로 그리는 것, 둘째는 현지에서 구한 재료로 그림을 그리는 것이었어요. 그녀는 673일 동안 5대륙 46개의 나라를 여행하며 무려 400장의 그림을 그렸습니다. 그녀의 꿈을 향한 여정은 제게도 많은 영감을 주었죠.

영어도 그녀가 떠난 여정과 비슷한 거라고 생각합니다. 매일 현지에서 보고 느낀 것들을 기록하고, 기존의 나를 조금씩 버리면서 여정 속에서 만나는 사람들, 환경 속으로 젖어 들기 위해 노력하는 것. 아무리 힘들어도 그 여행을 포기하지 않는 것. 이 모든 과정들을 영어 학습에 대입한다면 우리는 영어에 대한 답을 얻을 수 있답니다.

매일 조금씩 배우고 그 기록을 남기는 것.
기존의 한국식 세계관에 갇혀 있기보다는
점점 원어민들의 세계관을 받아들이고 어떤 일이 있어도 포기하지 않는 것.
그리고 그 여정을 내 인생을 빛나게 해 줄 훌륭한 스토리로 만드는 것.

여러분의 영어를 향한 여정은 그랬으면 좋겠습니다.

#11

통역사의 하루

'영어 통역사, 영어 선생님'이라고 하면 대부분의 사람들은 영어에 통달해서 더 이상 공부를 하지 않아도 영어가 술술 나올 거라고 생각합니다. 물론 해외에서 태어나고 어렸을 때부터 외국에서 자랐다면 특별한 노력을 기울이지 않아도 언어 실력이 유지될 거예요. 하지만 제2외국어로 영어를 배운 사람들에게는 해당되지 않는 이야기죠. 언어는 '현상 유지'라는 게 존재하지 않습니다. 노력을 게을리하면 오로지 downgrade만 존재할 뿐이에요. 이건 절대적인 학습량과 학습 시간을 채운 학습자라고 해도 예외가 될 수 없습니다. 마치 끊임없이 노를 저어야만 앞으로 나아가는 나룻배처럼 계속해서 노를 젓지 않으면 영원히 제자리에 표류하게 되는 신세가 돼 버리고 마는 거죠. 가끔 이런 이야기를 듣습니다.

"통역사님은 영어가 술술 나오시겠네요? 정말 부러워요."

"선생님 머리랑 제 머리를 바꿨으면 좋겠어요."

저도 때로는 영어가 막히고, 영어 때문에 머리를 쥐어뜯는 순간도 있답니다. 영어에 대해서는 어느 정도 고지에 올랐다고 하더라도 스트레스와 고뇌는 끝이 없어요. 저 역시 '통역을 할 수 있는 실력이 되면 영어는 그냥 자다가도 술술 나오겠지?'라는 생각을 했던 적이 있습니다. 하지만 통역사가 된 지금, 오히려 영어를 처음 배웠던 때보다 훨씬 더 많은 시간을 영어 공부에 투자하고 더 극심한 스트레스에 시달리고 있어요. 저를 가까이에서 지켜본 가족들이나 지인들은 저를 보며 가엾다고 할 정도니까요.

그럼, 저의 일과를 한번 들어 보시겠어요?

우선 아침에 눈을 뜨면 기지개를 켜는 것보다 유튜브를 켜고 동기 부여 영상을 듣습니다. 눈을 미처 뜨지 못한 잠결인데도 안 들리는 단어가 있으면 불안해지기 시작해요. 누워서 사전 앱에 접속하고 방금 못 들은 단어의 뜻을 바로 찾아보죠. 샤워하면서 영어 뉴스를 듣고 중얼중얼 따라 하다 보면 가끔 보디 클렌저로 머리를 감을 때도 있답니다. 아침을 챙겨 먹으면 좋으련만, 시간에 쫓기다 보니 아침을 거르고 복근 운동을 선택하게 되었어요. 몸매를 위해서라기보다는 복근을 깨워 놓지 않으면 영어 발성에 지장이 생기기 때문에 복근 운동을 거르지 않고 하고 있습니다. 이렇게 아침부터 인정사정없이 귀와 복근을 깨우곤 바로 출근합니다. 통역 업무가 있을 때는 통역에 몰두하고, 통역 업무가 없는 날에는 운영하는 학원에서 수업을 해요. 집과 직장이 걸어서 5분 정도밖에 되지 않지만, 직장으로 이동하는 제 손에는 항상 신문이 들려 있습니다. 신문을 꼼꼼하게 읽을 시간이 없으니 걸어가면서 신문 헤드라인과 칼럼만 체크해요. 단순히 내용을 읽는 게 아니라 신문을 영어로 통역하면서 걸어갑니다. 아주 짧은 시간이라도 이렇게 이동하면서 연습한 게 쌓이면 통역할 때 아주 큰 도움이 되기 때문이죠.

학원에 도착해서는 학생들이 오기 전에 그날 가르칠 내용들을 확인하고 커피 한 잔을 마시며 워밍업을 합니다. 가끔 공강 시간이 생기면 넷플릭스에 접속해서 보고 싶었던 영화나 미드를 보기도 해요. 직업병인지 영화를 보더라도 번역이 잘됐는지 여부를 체크하고 모르는 단어가 나오면 수첩에 단어를 적어 내려갑니다. 그러곤 이내 자책하기 시작하죠. '미드를 그렇게 오랫동안 봤는데 아직도 모르는 단어가 이렇게 많다니! 이건 진짜 안 들리네. 오마이갓, 이런 사람이 연사였다면 진짜 끔찍하게 통역했겠는걸?'

그렇게 정신없이 영어와의 사투를 벌이고 집으로 돌아오면 저녁이 됩니다. 저녁을 준비하면서 TED 영상을 틀어 놓고 또 중얼거리며 통역 연습을 해요. 저녁을 맛있게 먹고 설거지하면서 또다시 시청했던 TED 영상을 보고요.

밤이 되면 보통 집필을 하거나 수업 자료를 준비한 다음 강의를 듣습니다. 저는 이 시간이 제일 행복해요. 하나라도 더 공부해서 지식이 쌓이면 쌓일수록 영어에 대한 스트레스는 줄고 자신감이 쌓이기 때문이죠. 수업 시간이나 통역을 할 때 막혔던 부분이 생각나면 그날은 너무 스트레스를 받아서 새벽 서너 시까지 공부하다가 잠든답니다.

제 하루를 듣고 어떤 생각이 드셨나요?

'영어 공부에는 끝이란 게 없네?'라는 생각을 하는 분도 계실 테고, '나는 돈 주고 하라고 해도 저렇게는 못하겠다!'라고 질려 버린 분도 계실 거예요. 또 '통역을 하는 사람도 영어 때문에 스트레스를 받는구나. 지금 내가 받는 스트레스는 당연한 거였구나.'라며 위안으로 삼는 분도 계실 것 같은데요. 여러분은 이왕이면 후자이길 바랍니다. 고통과 성장은 언제나 같은 선상에 있어요. 고통이 없는 성장은 존재할 수 없죠. 고통스러움에도 우리가 계속해서 멈추지 않는 이유는 고통의 끝에는 성장이 우리를 기다리고 있다는 걸 알기 때문이에요. 고통 없이 얻어지는 건 없지만, 그 고통 뒤에 따라오는 열매는 정말로 달 겁니다. 믿으세요! 지금 당신의 고통이 당신의 미래를 긍정적으로 바꾸어 가고 있을 테니까요!

"No pain, no gain."

12

영어 한다고 제 인생이 바뀌나요?

오바마 전 대통령이 비영어권 국가에서 유년 시절을 보낸 사실을 알고 계시나요? 어머니께서 인도네시아 유학생과 재혼하면서 어린 오바마는 어머니를 따라 인도네시아로 이주했습니다. 초등학생 시절을 인도네시아에서 보내게 된 그는, 매일 새벽 4시에 일어나 3시간씩 꾸준히 영어 공부를 했다고 해요. 아시아권의 영향을 받아서인지 그는 종종 동양 사상이 묻어나는 비유와 철학적이고 함축적인 표현을 많이 사용하곤 합니다. 미국의 대통령이자 세계 최고의 달변가인 그가 영어를 이렇게 꾸준하게, 오랜 기간 열심히 공부했다는 사실이 놀랍지 않으신가요?

이 이야기가 시사하는 바는 제2외국어를 배운다는 건 누구에게나 엄청난 시간과 노력이 필요하다는 거예요. 그리고 우리가 영어를 집요하게 공부한다면 우리가 될 수 있는 것, 갈 수 있는 곳은 무한대가 된다는 것을 의미하기도 하죠.

영어를 배워서 인생을 바꾼 남자가 또 한 명 있습니다. 바로 알리바바의 창업주인 마윈인데요. 마윈의 유년 시절은 거절의 연속이라고 해도 과언이 아닙니다. 그는 지원한 모든 대학에 떨어졌고 KFC 아르바이트 면접에서조차 불합격하게 돼요. 그런 그가 어린 시절부터 포기하지 않고 끝까지 한 것이 있는데, 그게 바로 '영어'입니다. 그는 영어 연습을 위해 12살 때부터 9년간 매일 아침 자전거를 타고 45분이 걸리는 항저우(杭州) 호텔로가 지나가는 외국인들에게 스스로 가이드를 자청했다고 해요. 그들에게 무료로 가이드를 해 주며 영어를 공부한 것이죠. 그의 첫 직업은 영어 강사였습니다. 영어로 돈을 벌기 시작한 그는 기회를 포착해 사업을 시작하는데요. 그의 첫 번째 사업은 번역 회사였습니다. 호기롭게 사업을 시작했지만 생각보다 잘 풀리지 않았고, 그 무렵 그는 출장차 미국을 방문하게 되었죠. 미국에서 마윈은 인터넷이라는 세상을 접하게 되고, 중국으로 돌아와 자기 아파트에서 알리바바의 모태가 되는 회사를 창업하게 됩니다. 창업 초기에 알리바바는 단 한 건의 거래도 성사시키지 못했지만, 소프트뱅크 창업자인 손정의 회장으로부터 2,000만 달러를 투자받으며 사업을 성장시킬 수 있었어요. 그리고 지금 그는 우리 모두가 다 아는 세계적인 기업인이자 대부호, 수많은 중국 젊은이들의 우상이 되었죠.

그렇게 그는 세상 모든 곳으로부터 거절당하던 삶에서 조금씩 자신의 삶을 스스로 개척해 나가게 됩니다. 이 모든 시작에는 어쩌면 그의 뜨거운 열정과 앞을 내다보는 혜안, 그리고 오랜 시간 다져 온 영어 내공이 있었을 거예요.

마원을 위기에서 구해준 것도, 위기를 기회로 바꾸어준 것도, 그 근간에는 '영어'라는 강력한 도구가 있었습니다. 영어를 잘하게 된다면 여러분에게는 어떤 기회가 펼쳐질까요? 비단 영어뿐만 아니라 제2외국어를 배움으로써 우리가 갖게 되는 이점은 생각보다 많습니다.

첫째, 늘 TV나 유튜브에서 보던 사람들을 직접 만나거나 소통할 수 있는 기회가 늘어납니다.

영어를 한마디도 못하던 시절에는 내게는 절대 그런 일들이 일어나지 않을 거라고 생각했는데 영어를 배우고 통역사가 되고 난 후부터는 TV에서 보던 사람들을 눈앞에서 보는 것이 현실이 되었습니다. 통역을 하다 보면 정계, 재계, 연예계 등 다양한 분야의 사람들을 만날 기회가 정말 많아요. 특히 기억에 남았던 통역 현장은 뮤지컬 관련 행사였는데, 평소 좋아하던 뮤지컬 배우뿐만 아니라 연예인들, 연예가중계까지 총출동해 그야말로 일을 하러 간 건지 파티에 초대받은 건지 헷갈릴 정도로 꿈 같은 하루를 보내기도 했죠. 이러한 기회들이 여러분에게 찾아오지 말라는 법이 없지 않나요? 영어를 배움으로써 내가 새롭게 만나게 될 사람들과 세상을 생생하게 그려 보세요. 그러면 어느새 여러분의 무대는 한국이 아닌, 세계가 되어 있을 거예요.

둘째, 사고력이 깊어지고 넓어집니다.

과학적으로도 제2외국어를 학습하는 사람의 기억력이 그렇지 않은 사람보다 더 좋다는 것은 이미 밝혀진 사실입니다. 특히 단기 기억력이 매우 향상된다고 하는데요. 단기 기억력이 향상되면 외국어 외에 기타 학습에도 도움을 줄 수 있기 때문에 학습적인 면에서 외국어를 함께 배우는 것이 여러모로 좋다고 할 수 있답니다. 또한 바이링구얼(bilingual, 이중 언어 구사자)인 부모를 둔 11개월 아기와 모노링구얼(monolingual, 단일 언어 구사자)을 부모로 둔 동일 연령의 아기를 비교했을 때도 모노링구얼을 부모로 둔 아기는 하나의 언어에만 뇌파가 반응했지만, 바이링구얼을 부모로 둔 아기는 태어나자마자 이미 두 가지 언어에 대한 소리 인식 체계가 형성되어 있다는 사실을 확인한 실험도 있었어요.

또 다국어 구사자는 단일 언어를 사용하는 사람보다 치매에 걸리는 속도가 4~5년 더 늦어진다는 연구 결과도 있어서 새로운 언어를 학습하는 것은 뇌 과학적으로도 그 효과가 이미 입증되었다고 할 수 있습니다. 기억력뿐만 아니라 문제 해결 능력 또한 향상되어 동일한 문제가 주어졌을 때 다국어 구사자가 단일 언어 사용자보다 훨씬 더 빠르고 정확하며 창의적인 문제 해결 능력을 보여 줍니다. 실제로 단일 언어를 사용하는 아이들과 이중 언어를 사용하는 아이들에게 벽돌(brick)이라는 단어를 제시했을 때, 단일 언어 사용자는 벽돌은 집을 짓는 데 필요한 재료라고 대답한 반면, 이중 언어 사용자들은 바비큐를 구울 때 사용하거나, 토끼 굴을 막거나, 새들이 목욕할 수 있는 욕조가 될 수 있다며 창의적인 답변을 내놓았어요. 단일 언어 사용자와 이중 언어 사용자의 인지 능력 비교를 위한 대표적인 검사인 스트루프 검사(Stroop test)에서도 이중 언어 사용자는 단일 언어 사용자보다 더 빠른 색과 단어를 구분하는 능력을 보인다는 것을 알 수 있습니다.

Word Set #1					Word Set #2				
RED	GREEN	BLUE	YELLOW	PINK	RED	GREEN	BLUE	YELLOW	PINK
ORANGE	BLUE	GREEN	BLUE	WHITE	ORANGE	BLUE	GREEN	BLUE	WHITE
GREEN	YELLOW	ORANGE	BLUE	WHITE	GREEN	YELLOW	ORANGE	BLUE	WHITE
BROWN	RED	BLUE	YELLOW	GREEN	BROWN	RED	BLUE	YELLOW	GREEN
PINK	YELLOW	GREEN	BLUE	RED	PINK	YELLOW	GREEN	BLUE	RED

* 스트루프 검사(Stroop test): 과제에 대한 반응 시간이 주의에 따라 달라지는 효과 또는 이러한 현상을 이용하는 검사를 말한다. '파랑', '초록', '빨강' 과 같은 글자와 이 글자가 나타내는 의미인 실제 색상이 일치하지 않을 경우, 글자의 색을 말하는 데 더 오랜 시간이 걸리며 잘못 말하는 경향이 생기는데 이는 1929년에 처음으로 독일에서 보고되었으나, 1935년 이를 영어로 최초 보고한 John Ridley Stroop의 이름을 따서 명명되었다. https://ko.wikipedia.org/wiki/스트루프_효과

셋째, 기회가 왔을 때 그 기회를 잡을 수 있습니다.

통역을 하면서 다양한 기업의 대표님들을 만날 기회가 있었어요. 특히 투자자를 모아 놓고 하는 피칭 데이(Pitching Day)에 참석할 때마다 영어의 중요성을 깨달을 수 있었는데요. 아이디어도 참신하고 성장 가능성도 있어 보였으나 의사소통이 원활하지 않고 자신감이 없어 보이는 모습 때문에 투자금을 받지 못하는 경우도 보았고, 아이디어는 부족해 보이지만 대표자가 영어로 자신의 사업과 아이템에 대한 내용을 정확하게 전달하고 투자자들의 Q&A 세션에서도 침착하게 질의에 응답하면서 좋은 성과를 내는 경우도 보았습니다. 보통 행사 마지막엔 투자자, 기업인들 간에 네트워킹(networking, 인적 관계망 형성)을 할 수 있는 자리가 마련되는데, 이때 생각지 못한 기회를 많이 얻게 됩니다. 요즘은 국내 투자자뿐만 아니

라, 해외 투자자들도 이러한 행사장에 많이 참석하기 때문에 참석자들은 자연스럽게 영어로 의사소통하게 되는데요. 언어가 자유로운 기업의 담당자는 피칭 데이 때 아쉬운 결과를 얻었더라도 네트워킹 시간에 적극적으로 어필하여 투자의 기회를 얻거나 수주를 받는 식의 좋은 결과를 이끌어 내기도 합니다. 하지만 영어가 자유롭지 않은 경우에는 이러한 네트워킹 시간을 활용하지 못하고 구석에서 직원들끼리 조용히 식사만 하다가 가기도 해요. 이제 기업인들에게 영어는 선택이 아닌 필수가 되었다는 것을 실감할 수 있었던 경험이었죠. 나열한 내용들 외에도 영어를 배우면 여러분이 얻게 되는 것들은 무엇을 상상하든 그 이상일 거예요. '영어'는 당신이 생각지도 못한 곳으로 당신을 데려갈 겁니다. 마치 '알라딘의 양탄자'처럼 말이죠.

#13

이기는 유전자

대학교 졸업반 때 진로를 찾기 위해 방황하던 시절, 일산의 모 영어 학원에서 강사가 되기 위해 수습 과정을 밟고 있을 때였습니다. 어느 날 원장 선생님께서 제게 그런 말씀을 하시더군요.

"이 팀장님은 팀원 중에 나이가 가장 어려요. 어떻게 이 팀장님이 가장 어린 나이에 팀장 자리에 오를 수 있었는지 아세요?"

"..."

"이기는 유전자예요. 남들이 주어진 일을 할 때 이 팀장님은 혼자 남아 연구하고 무엇을 하든 남들보다 잘하는 수준을 넘어 따라갈 수 없을 정도로 독보적인 결과를 내놓았죠. 그게 가장 어린 나이임에도 불구하고 팀장이 될 수 있었던 이유예요."

그 이후로 이기는 유전자라는 단어가 제 머릿속에 강렬하게 박혔습니다. 그래서 무언가를 할 때 상대보다 '조금 더' 잘해야 겠다는 생각을 버리고, '압도적으로' 잘해야겠다는 기준을 갖게 되었어요. 그렇게 마음과 몸을 무장하고 나니 그 뒤로 하는 모든 일에 있어 끈질기게 매달리고 골똘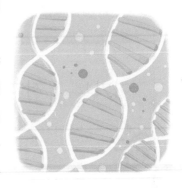

히 생각하고 치열하게 고민하게 되더라고요. 만약 제가 이기는 유전자에 대한 이야기를 듣지 않았다면 저는 조직에서 눈에 띄지 않는 평범한 사람이 되었을 거예요. 중간만 하자는 마음으로 모든 일을 설렁설렁 처리했을 테죠.

무언가를 이루기 위해 치열하게 노력하는 게 때로는 버겁고 힘이 들 수 있습니다. 하지만 적당할 만큼의 노력만 하고 어중간한 결과를 얻는 게 더 견딜 수 없어야 해요. 치열하고 뜨겁게 살았을 때 인생은 그제야 달콤한 초콜릿을 하나씩 건네주거든요.

모두 영어를 잘하고 싶어 합니다. 하지만 안타깝게도 모두가 영어를 시작하지만, 그 끝을 맺는 건 소수입니다. 영어 공부를 시작할 땐 설렘과 두려움을 동시에 가질 수밖에 없어요. 시간이 지날수록 오늘은 피곤해서 안하고 싶고, 야근해서 공부할 힘이 없고, 주말엔 또 쉬고 싶죠. 지극히 당연한 현상이에요. 공부가 늘어지게 될수록 점점 처음의 의지는 사그라들고 이런 생각이 들기 시작합니다.

'어차피 이민 갈 것도 아니고 영어 안 해도 사는 데 지장 있는 건 아니잖아?'

'AI(인공 지능)가 이렇게 발전하고 있는데 영어 공부할 시간에 차라리 다른 걸 하자.'

박세리 선수의 1998년 맨발의 투혼을 기억하시나요? US여자오픈 연장 18번 홀에서 호수 근처에 빠진 공을 치기 위해 양말을 벗고 호수에 들어갔던 그 장면 말이에요. 모두들 공이 호수에 떨어졌을 때 경기가 끝났다고 생각했지만, 그녀는 위기를 인생 최대의 기회로 바꾸었습니다. 20대 초반이었던 그녀가 처음 미국에 진출했을 당시 주변 사람들은 그녀에게 모두 실패할 거라고 했어요. 하지만 그녀는 딱 하나의 목표를 이루기 위해 노력했다고 해요. 오로지 '챔피언이 되어 환하게 웃는 것이 성공이다.'라는 생각 하나만 하며 앞을 향해 나아갔다고 합니다. 미국 진출 초기에는 혼자서 10시간이 넘는 거리를 운전해서 경기를 치를 정도로 열악한 환경 속에서 그녀는 도전을 이어 나갔습니다. 그녀는 LPGA 통산 25승으로 역대 최연소이자 아시아 최초로 명예의 전당에 입성하며 누구도 대체할 수 없는 독보적인 존재가 되었죠.

이기는 유전자를 지닌 사람을 한 명 더 꼽자면 김미경 강사님을 꼽고 싶습니다. 이미 강사로서 성공한 그녀가 영어 공부를 시작한 것은 제게도 흥미로운 사실이었어요. 그녀는 영어 공부를 하는 과정을 유튜브를 통해 여과 없이 공개했고, 그 도전은 많은 사람들에게 영감을 줬습니다. IMF 때문에 살던 집을 팔고 다시 바닥부터 시작해야 했지만 결코 절망하지 않았어요. 오히려 절망을 선택하는 대신 펜을 잡았고 《나는 IMF가 좋다》라는 책을 썼죠. 이 책을 시작으로 그녀는 강사로서의 새로운 커리어를 쌓을 수 있었습니다. 이미 자신의 영역에서 정점을 찍은 그녀는 새로운 도전을 시작했습니다. 바로 '세계적인 동기 부여 강사'가 되는 것이었죠. 목표를 이루기 위해 하루도 거르지 않고 매일 영어 공부에 매진했어요. 영어를 시작하기엔 너무 늦었다고 말하는 사람들의 만류에도 그녀는 멈추지 않았습니다. 그리고 영어를 시작한 지 딱 2년이 되던 해에 그녀는 미국 명문대생 800명 앞에서 영어로 강의하고 월드 투어 토크쇼, 영어 강연을 하게 되었어요. 저는 그녀가 영어를 선택하지 않고 다른 언어를 선택했어도 반드시 성공했을 거라고 생각합니다. 왜냐하면 그녀는 자신의 도전을 반드시 성공으로 이끌어내는 방법을 알고 있었기 때문이에요. 시간을 들여 노력해야 한다는 기본 원칙을 지키면서 포기하고 싶은 순간이 찾아와도 절대 포기하지 않는 것. 해냈을 때의 자신을 상상하며 하루하루 자벌레처럼 천천히 앞으로 나아가는 것이 바로 그 방법입니다.

이기는 사람들은 변명거리를 찾지 않습니다.
이기는 사람들은 자신의 단점과 제약을 오히려 기회로 여깁니다.
이기는 사람들은 반드시 끝을 봅니다.
그리고 그 끝에서 또 다른 길을 만들어 냅니다.

처음부터 '반드시 승리한다.'라는 생각으로 몰입하면 그게 영어든 다른 어떤 분야든 반드시 성공하게 되어 있어요. 그 성공은 절대 쉽게 내 손 안에 떨어지지 않지만, 지금 빛나는 사람들을 자세히 들여다보면 그 안에는 자신을 갈고 닦기 위해 흘렸던 수많은 땀과 눈물이 있습니다. 깎다가 만원석이 되지 마세요. 시간이 걸리더라도 자신을 빛나는 보석으로 만들어보세요. 당신은 반드시 빛나는 보석이 될 거예요. 나태함과 게으름, 자기합리화와 싸워서 꼭 이기세요. 그 끝에서, 환하게 웃으며 가장 빛나는 모습의 자신을 만날 수 있을 거예요.

"Life is like a box of chocolates."
삶은 마치 초콜릿 상자와도 같다.

영어 학습 시 절.대. 하지 말아야 할 것!

1. 남과 나 자신을 비교하는 것
어제의 나보다 오늘의 내가 더 성장했다는 것에 기뻐하고 집중한다.

2. 단기간에 끝내겠다는 생각
몰아서 공부하고 쉬는 기간을 가지고 난 뒤 다시 시작하는 것보다 하루에 조금씩 학습하지만 끊임없이 공부하는 것이 훨씬 효과적이다.

3. 방법론만 찾아다니는 것
방법론만 찾는 행동은 방에서 축구 이론을 익히고 필드에서 한 번도 경기를 뛰지 않는 것과 같다. 한 문장이라도 더 머리에 넣고 사용해 보려는 시도가 훨씬 더 큰 효과를 발휘한다.

4. 한 분야를 끝내고 다음 분야로 넘어가겠다는 생각
listening(청취), speaking(말하기), grammar(문법), reading(독해), writing(작문), vocabulary(어휘) 중 한 분야만 집중해서 학습하게 되면 결국은 불균형이 생길 수밖에 없다. 다양한 콘텐츠를 활용해서 전 영역을 골고루 조금씩 쌓아가는 게 핵심이다.

5. 공인 영어 성적이 나의 진짜 영어 실력일 거라는 착각
토익 만점자도 영어로 말 한마디 못 하는 경우가 허다하다. 반대로, 공인 영어 성적이 낮아도 영어로 말하고 일을 하는 데 어려움이 없는 사람들도 많다. 토익 고득점을 받았다고 '나 영어 웬만큼 해!'라는 생각은 고이 접어 두고 실제로 사용할 수 있는 영어를 익히는 데 집중한다.

6. 영어 회화를 정복하지 못할 것 같다는 부정적인 생각
자신이 꿈꾸는 대로 '반드시' 이루어진다는 믿음을 갖는다. 영어로 인생을 바꿀 거라는 긍정적인 생각과 근성으로 서서히 자신의 인생을 바꿔 나간다.

이게 궁금했다! 영어 학습 Q&A

Q1. 매일 아침 무작정 영어 뉴스를 틀어 놓고 듣는 게 듣기에 도
    움이 될까요?

　듣기에는 '의식적 청취(Conscious Listening)'와 '무의식적 청취 (Unconscious Listening)'가 있습니다. 전자는 집중해서 들으면서 학습하는 방법이고, 후자는 영어 뉴스나 유튜브를 틀어 놓고 다른 일을 하면서 듣는 방법을 말해요. 저 역시도 영어 공부를 시작한 초기에는 영어를 잘하고 싶다는 욕심에 눈을 뜨자마자 영어 뉴스를 틀어 놓고 심지어 샤워할 때도 핸드폰을 가지고 들어가서 미드를 틀어 놨을 정도였어요. 그렇게 10년이 넘게 무의식적 청취를 했는데 실제로 비즈니스 현장, 통역 현장에서는 의식적 청취 방식으로 들은 영어가 더 오래 기억에 남고 효과가 있었습니다. 그렇다면 이런 생각이 들겠죠. "그럼, 앞으로 영어를 무의미하게 틀어 놓으면 안 되겠네요?" 아니요! 그렇지 않습니다. 무의식적 청취의 장점은 그 뜻을 정확하게 이해하지는 못해도 영어가 가진 고유의 소리와 리듬의 체계에 익숙해지도록 하는 효과가 있어요. 우리가 노래의 가사를 모두 알지는 못해도 전주 부분만 들어도 흥얼거리는 것처럼 영어를 계속 틀어 놓으면 영어를 사용해야 하는 순간에 익숙하게 들었던 리듬대로 좀 더 빠르게 영어의 톤과 리듬을 잡을 수 있습니다.

Q2. 문법을 제대로 알아야 회화를 할 수 있을 거라는 강박에
    시달리고 있어요. 어쩌면 좋죠?

　문법은 영어를 말하기 위해 필요한 기본 뼈대입니다. 성인 학습자의 경우,

문법을 이해하게 되면 훨씬 더 빠르게 문장을 만들 수 있기 때문에 문법을 공부하면 도움이 확실히 되는 건 맞아요. 하지만 의구심이 들죠. '십 년이 넘는 시간 동안 학교에서 문법을 배우고 수많은 어휘를 익혔지만 왜 영어로 말을 하지 못하는 걸까?'

결국 문법 외에 다른 곳에 문제가 있다는 겁니다. 그 문제는 여러 가지가 있겠지만, 가장 큰 문제는 바로 영어로 말하는 데 필요한 ① 효과적인 구조 ② 영어다운 소리 ③ 심리에 있어요. 제가 항상 교육 현장에서 외치는 게 있는데요. "문법 공부는 충분히 하셨습니다. 회화를 하는데 문법부터 다시 시작한다면 도돌이표가 될 수밖에 없어요. 지금 부족한 건 문법이 아닙니다. 영어로 말하는 데 필요한 저 세 가지 요인에 대한 훈련이 더 중요해요!"

하지만 많은 분들이 "저는 영어로 말하는 데 필요한 최소한의 문법도 잘 모르겠어요."라고 하십니다. 그렇다면 가장 쉬운 문법책을 구매해서 편하게 소설책 읽듯이 읽어 보세요. 이렇게 하는 이유는 영어 회화를 시작하는데 또다시 문법이라는 딱딱한 녀석이 나의 공부를 힘들게 하지 않도록 하기 위해서예요.

문법이 나의 영어 공부에 자꾸만 브레이크를 건다면 쉽고 재미있는 방법으로 문법이라는 녀석을 해치워 버리는 방법도 있습니다. 만약에 기초적인 문법은 아닌데 정확하고 좀 더 섬세한 영어의 규칙을 알고 싶으시다면 《Grammar in Use》를 온라인 강의와 병행하면서 하루에 한 강씩 차근차근 공부하는 것도 추천드려요.

Q3. 오픽 점수는 AL이고 토익 점수는 900점 이상이지만, 현지인을 만나면 말이 수월하게 나오지 않아요. 왜 그럴까요?

공인 영어 성적은 높지만, 영어로 말하는 데 어려움을 겪는 분들을 많이 만납니다. 저 역시도 대학교 때 토익과 오픽에서 최고점을 받았음에도 불구하고 영어로 말하는 데 여전히 어려움이 있었어요. 문제가 뭘까 곰곰이 고민하던 중 이런 생각이 들었죠. '나는 영어로 말하고 싶은데 토익을 공부하면서 혼자 독해 지문을 중얼거리기만 했지 실제로 영어로 말을 한 적은 없었어!'

단순하지만 중요한 깨달음이었습니다. 공인 영어 시험에서 고득점을 받기 위해 노력했던 시간만큼 말하는 데에도 시간을 투자해야 했어요. '가만있자, 그럼, 토익과 오픽을 공부한 게 다 무용지물이 되는 건가? 그러기엔 너무 억울한데…. 그 안에도 분명히 내가 활용할 수 있는 게 있을 거야.'

찾아보니 토익책에는 전화할 때 쓰는 표현들, 이메일, 비즈니스 미팅 등 다양한 상황들이 많이 나왔습니다. '그래, 이거야!' 당시 저는 토익책에 나와 있는 전화 영어 표현 부분을 펴 놓고 거래처에 전화해서 교재에 나와 있는 표현을 사용해 가며 업무를 해 나갔습니다. 수화기 너머의 원어민은 상상이나 했을까요? 자신과 이야기를 나누고 있는 담당자가 토익책을 펴 놓고 영어로 대화하고 있을 거라는 것을요.

공인 영어 성적과 실제 회화 실력에서 괴리를 느꼈다면, 회화에 필요한 훈련을 다시 해야 한다는 것을 깨닫는 게 중요합니다. 그러고 나서 내가 공부했던 내용 중 다시 꺼내 쓸 수 있는 표현은 없는지 찬찬히 살펴보고 거기서부터 시작해야 해요. 맛있는 김밥을 만들 수 있는 재료를 가지고 있는데 그 재료들을 내다 버리고 다시 재료부터 찾는 것은 바보 같은 짓입니다. 지금 내가 가지고 있는 재료를 어떻게 잘 말아서 맛있게 먹을지를 생각하고, 시간을 아끼세요.

Q4. 저는 왜 이렇게 실력이 더디게 느는 것 같죠? 제 아이들은 비슷한 시기에 영어를 시작했는데, 저보다 훨씬 빨리 실력이 늘어요. 저만 제자리인 것 같습니다.

아이들의 뇌는 성인의 뇌보다 언어를 학습하는 데 있어 최적화되어 있습니다. 특히 학령기 아동이 되기 전 단계인 어린아이들의 경우, 독해니 문법이니 하는 것들을 아직 배우기 전이라서 영어를 순수하게 하나의 소리로, 커뮤니케이션의 도구로 받아들이기가 좀 더 수월해요. 하지만 우리는 나이가 들어감에 따라 여러 가지 사회의 규칙을 익히게 되고, 그 규칙 안에서 사고하고 행동하게 됩니다. 성인들은 아이들보다 해야 하는 의사 결정의 수가 훨씬 많기도 한 것이 그 원인이기도 합니다. 아이들은 지금 내가 이 아이스크림을 먹고 싶고 숙제를 하기 싫은 정도의 의사 결정 과정을 거치겠지만, 성인은 이보다 훨씬 복잡한 의사 결정 과정을 거치게 되니까요.

아이가 하나의 단어를 이해하고 말하는 데까지는 약 4,000번의 노출이 있어야 해요. 언어 천재(linguistic genius)인 아이들조차 이처럼 많은 노출이 필요한데, 성인은 얼마나 더 많은 노력을 기울여야 할까요? "선생님, 그 얘기를 들으니까 영어 공부하는 게 더 엄두가 안 나는데요? 단어 하나 익히는 데 4,000번을 넘게 들어야 한다는 건가요?"

다행인 건 성인들은 어린아이들보다 인지 능력이 고도화된 상태이기 때문에 더 적은 노출로도 규칙을 적용해서 빠르게 원리를 파악하고 응용하는 능력을 갖추고 있다는 거예요. "나이가 들면 뇌세포가 파괴된다고 하던데 외웠던 표현을 자꾸 까먹게 되는 것 같아요."

20세기까지만 해도 아이들의 뇌세포는 증가하는 반면 나이가 들면 뇌세포가 줄어든다는 이론에 아무도 반론을 제기하지 않았지만, 나이가 들어도 뇌세포가 파괴되거나 덜 생성되지 않고 어린아이와 성인의 뇌세포 발생 개수에 큰 차이가 없다는 연구 결과가 발표된 바 있어요. 이 말은 즉 "걱정하지 마시라!"는 뜻입니다. 지금 필요한 건 '기대치 관리'예요. 혹시 지금 설정한 영어 공부 학습 기간이 너무 단기간이지는 않나요? 내가 기대하고 있는 수준에 맞는 노력을 충분히 기울이고 있지 않은 상태는 아닌가요?

영어를 학습하는 데 중요한 포인트는 바로 실현할 수 있는 목표를 설정하고 작은 목표를 하나씩 성취해 가는 과정이에요. 하고 싶은 말을 영어로 할 수 있을 정도의 실력을 갖추기 위해 1년이라는 시간을 설정했다고 하면, 1년은 영어의 규칙을 어느 정도 이해하고 친해지기 위해 필요한 최소한의 시간일뿐이에요. 편하게 말하게 되기까지는 턱없이 부족한 시간이죠. 그렇다면 기간을 1년에서 3년으로 조정합니다. 3년으로 조정하게 되면 급했던 마음을 한숨 돌리게 되겠죠. 기간을 길게 설정하면 할수록 영어 학습을 하는 데 안정적인 마인드를 가지고 접근할 수 있어요. 냉정하게 말씀드리면, 영어로 머릿속에 있는 생각을 문장 단위로 틀리지 않고 말하기 위해서는 최소 3년의 시간이 걸립니다. 여기서 어린아이가 사용하는 수준의 단순한 영어 구조가 아닌 교육받은 수준의 유창한 영어를 구사하기 위해서는 10년의 시간이 걸리고요. 그리고 여기에 욕심을 조금 더 보태서 5년의 시간을 더 투자해서 15년 정도 영어에 매진하게 되면 누군가를 가르칠 수 있는 수준이 됩니다. 이는 영어에 국한되지 않고 모든 분야가 비슷한 시기에 비슷한 수준의 기대 효과를 얻게 되는 것 같아요.

길게 아이의 뇌와 성인의 뇌를 비교하면서 이야기를 시작했지만 결국은 ① 기간을 좀 더 여유롭게 생각하고 ② 작은 성취를 계속해서 이뤄나가는 것이 지금 가지고 계신 고민에 대한 해결책이 될 수 있을 거예요.

Chapter 4

내 마음 어루만지기

당신의 꿈은 무엇인가요?

영어를 잘하고 싶다는 꿈을 처음 꾼 건 고등학교 때였어요.

영어 선생님께서 틀어 주신 미국 드라마를 보고 드라마 속의 여주인공에게 홀딱 반해 버리게 되었죠. 〈엘리어스〉라는 드라마였는데 여주인공은 이중 스파이로 동에 번쩍 서에 번쩍하며 영어, 러시아어, 스페인어까지 자유자재로 구사를 했답니다. 그걸 보면서 '스파이'가 되어야겠다는 꿈을 꾸었어요.

지금 생각해 보면 허무맹랑한 꿈이었지만, 당시의 저는 꽤 진지했죠. 스파이의 본고장이 러시아라고 생각해서 고등학교 1학년 때부터 독일어와 러시아어를 배웠고, 러시아어는 꽤 열심히 한 덕분에 외국어 경진대회에 나가서 수상을 한 적도 있어요. 수능에서 만점을 받기도 하고 말이죠. 러시아어를 전공까지 하려다가 고3 때 담임 선생님과 부모님의 만류로 결국은 영문학부로 진학했지만, 아직도 스파이가 나오는 드라마나 영화를 볼 때면 가슴이 뜨거워질 때가 있습니다.

스파이가 된다는 게 지금 보면 자신의 생명을 담보로 하는 일이고, 자랑스럽게 직업을 밝히기도 힘든 일인데 왜 굳이 그런 꿈을 꾸게 된 걸까요? 그 이유는 다양한 언어를 자유자재로 구사하는 주인공의 모습이 '매력적으로' 느껴졌기 때문이에요. 언어를 잘하는 게 매력이 될 수 있다는 걸 그때 처음 느끼게 된 거죠. 제게 영어를 잘하고 싶은 동기는 바로 '매력 있는 사람이 되고 싶다'는 열망 때문이었습니다.

여러분은 왜 영어를 잘하고 싶으신가요? 단순히 좋은 직장에 취직하고 싶어서? 그냥 남들 다 하니까? 영어 공부를 시작하기에 앞서 반드시 이 두 가지를 생각해 봐야 해요.

'나는 왜 영어 공부를 잘하고 싶은가?'
'영어를 잘하게 되면 무엇을 할 것인가?'

지금 비행기를 타고 있다고 가정해 볼게요. 비행기 안에서 기장의 안내 방송이 들립니다. "승객 여러분, 안녕하십니까? 저는 기장입니다. 저희는 지금 어디로 가는지는 알 수 없습니다. 남아 있는 기름이나 현재 고도도 정확하게 측정이 되지 않습니다. 운이 나쁘면 난기류로 비행기가 태평양 한가운데 불시착할 수도 있습니다."

반대로 이번에는 다른 비행기를 타 볼까요? "승객 여러분, 안녕하십니까? 저는 김대한 기장입니다. 저희는 지금 현지 시각 오전 12시 40분에 출발하여 약 12시간 뒤에 LA에 도착할 예정입니다. 이 항공기는 현재 OOOm, 시속 OOkm로 비행하고 있습니다. 도착하는 순간까지 안전하게 모시도록 하겠습니다. 편안하고 즐거운 여행 되십시오. 감사합니다."

지금 여러분의 인생은 어떤 비행을 하고 있나요? 내가 가진 연료가 얼마큼이고, 정확히 어디로 향하는지 목적지를 아는 여행은 안전하고 편안합니다. 반대로 내가 지금 어디로 가는지, 연료가 얼마나 남아 있는지조차 모르는 상황이라면 목적지에 도착할 확률보다는 생각지 못한 곳에 불시착할 확률이 높죠.

지금부터 왜 영어를 하고 싶고, 영어를 잘하게 되면 구체적으로 뭘 이루고 싶은지 적어 내려가 보세요. 지금 적은 동기와 목표가 영어 공부를 하는 데 있어서 매우 중요한 이정표 역할을 하게 될 거예요. 가능하면 적은 내용을 출력해서 눈에 잘 띄는 곳에 붙여 두세요. 매일 나의 다짐과 목표를 되새기며 내가 영어를 잘하게 되었을 때의 모습을 생생하게 그려 보세요. 마치 이미 그렇게 된 것처럼 생각하고 행동하면 반드시 이루어집니다.

내가 영어를 잘하고 싶은 이유

이름: 갱미몬

1. 매력적인 사람이 되고 싶다.
2. 국적, 성별, 나이에 관계없이 다양한 친구들을 사귀고 싶다.
3. 자막 없이 미드, 영화, 뉴스를 보고 싶다.
4. 국내에서 공부해도 영어를 잘할 수 있다는 걸 보여 주고 싶다.
5. 원하면 언제든 가방 하나 메고 해외로 훌쩍 떠나서 몇 달이고 머물다 오고 싶다.
6. 영어를 이용해서 많은 사람들에게 좋은 영향을 주고 싶다.
7. 영어 하나를 제대로 마스터해야 배우고 싶은 다른 언어들을 배울 수 있을 것 같다. 영어를 잘하게 된다면 중국어, 러시아어를 다시 제대로 공부해야지!
8. 다양한 정보를 흡수해서 위대한 지성인이 되고 싶다.
9. 내 아이에게 직접 영어를 가르쳐 주고 싶다.
10. 배우고 싶은 분야를 언어의 장벽 없이 마음껏 배우고 싶다.

영어를 잘하게 되면 하고 싶은 일들

이름: 갱미몬

1. 브라이언 트레이시 직접 만나기
2. TED 연사 되기
3. 영어와 관련한 도서 출간하기
4. 배낭 하나 메고 전 세계로 커피 여행 떠나기
5. 이탈리아의 어느 에스프레소 바에서 멋진 이탈리아 남성과 대화하기
6. 시베리아 횡단 열차를 타고 영어 고전 다 읽어 보기
7. 알리바바 창업주 마윈 만나기
8. 한 달 동안 호주 태즈메이니아에 살면서 글쓰기
9. 영어 통역 또는 영어 교육 박사 학위 취득하기
10. 하버드 비즈니스 스쿨에 진학해 세계적인 리더들과 소통하기

내가 영어를 잘하고 싶은 이유

이름:

1. _____
2. _____
3. _____
4. _____
5. _____
6. _____
7. _____
8. _____
9. _____
10. _____

영어를 잘하게 되면 하고 싶은 일들

이름:

1. _____
2. _____
3. _____
4. _____
5. _____
6. _____
7. _____
8. _____
9. _____
10. _____

#2

당신의 멘토는 누구인가요?

제게는 멘토이자 베스트 프렌드인 리처드라는 친구가 있습니다. 한국식으로 생각한다면 친구라고 하기에는 다소 나이 차가 있지만, 제게 리처드는 처음이나 지금이나 여전히 가장 소중한 친구예요. 그와 저는 인하우스 통번역사 시절에 서로 알게 되었습니다. 리처드는 제가 재직하고 있던 회사의 외국인 임원이었고 저는 이제 갓 입사한 인사팀 사원이었죠. 외국인 임직원의 입사부터 퇴사까지 A to Z를 관리하는 것이 저의 업무였고, 리처드가 회사에 입사하면서부터 저희 둘의 인연이 시작되었어요.

국내에서 거주 또는 근로하기 위한 첫 관문은 출입국 관리소에 가서 비자를 받는 일입니다. 여느 때와 마찬가지로 저는 비자 신청에 필요한 서류를 챙겨서 리처드와 함께 출입국 사무소를 방문했죠. 평소 같았으면 금방

끝날 일인데 그날따라 서류가 꼬여서 저는 출입국 사무소, 동사무소를 날다람쥐처럼 날아다니며 업무를 처리하고 있었어요. 땀을 삐질삐질 흘리면서 뛰어다니는 제가 가여워 보였던지 리처드는 제게 "괜찮아요?"라고 어색한 한국어로 말을 걸었죠. "괜찮습니다. 걱정 안 하셔도 됩니다. 금방 처리하고 오겠습니다." 하고 또다시 출입국 사무소를 뛰어다녔답니다.

훗날 리처드가 제게 이런 말을 하더군요. "줄리아, 여태껏 그렇게 프로페셔널하게 자기 일을 하는 사람을 만난 적이 없었어. 처음 본 순간부터 너는 특별한 사람이라는 걸 알고 있었지."

리처드와의 대화는 언제나 즐거웠습니다. 시시콜콜한 대화도 즐거웠지만 리처드와의 대화에는 많은 인사이트와 지혜가 담겨 있었어요. "리더가 뭐라고 생각해, 줄리아? 리더는 앞에서 사람들을 끌고 가는 사람이 아니라 뒤에서 받쳐 주면서 앞으로 밀어주는 사람이 되어야 해. 세상엔 훌륭한 사람이 정말 많아. 그런 사람들의 가치를 알아주고 인정해 주는 게 리더십의 첫 단계야."

"지금 이 회사에서 가장 필요로 하는 게 뭐라고 생각해? 네가 영업 담당자라면 이 상황에서 어떻게 하겠어?"

"네가 하려고 하는 그 비즈니스만이 가지고 있는 장점이 뭐야? 혹시 다른 사람들이 쉽게 시작할 수 있는 그런 비즈니스는 아닌지 잘 생각해 봐. 너라면 냉정하게 그 회사에 투자하겠니? 그 대답이 yes라면 그 사업은 계속할 만한 가치가 있는 사업일 거야."

때로는 날카로운 질문을 던지기도 하고 때로는 천진난만한 이야기를 건네는 리처드가 제게는 도서관 같은 존재가 되었습니다. 그는 한국에서 태어났지만 어렸을 적부터 해외에서 살았기 때문에 한국어가 모국어라기보다는 영어가 모국어에 가까웠죠. 당시만 해도 제 영어가 완벽하지 않았기 때문에 리처드와 이야기를 나눌 때면 영어를 모국어 수준으로 구사해서 리처드가 전해 주는 이야기를 모두 흡수하고 싶었습니다. 그의 지식과 지혜를 온전히 이해하고 싶은 마음이 생겼고, 그 뒤로 영어 공부를 더 열심히 했습니다. 어쩌면 영어를 처음 배울 때보다도 더 열심히 말이죠. 훌륭한 멘토는 이렇게 '더 나은 사람이 되고 싶다'는 마음속의 욕망을 부추긴답니다.

영화 〈인턴〉에서 남자 주인공 '벤' 역할을 맡은 로버트 드니로를 보며 리처드가 떠올랐습니다. 자신을 낮추고 타인을 높여 주면서도 품격을 잃지 않는 그의 모습이 리처드와 비슷했거든요. 영화를 보고 나와서 리처드에게 연락했습니다.

"리처드, 오늘 〈인턴〉이라는 영화를 봤는데 영화 속 주인공들이 꼭 우리 같았어요. 사실 제 멘토는 리처드 당신이에요. 이 영화를 리처드가 꼭 봤으면 좋겠어요." 리처드는 생각지도 못한 저의 멘토 선언에 당황한 듯 보였지만, 저의 그 말 덕분에 정말로 저의 멘토가 되어 주기로 결심하게 되었어요.

한국에서는 외국인을 만나기가 힘들다고 생각하시나요? 이럴 때 가장 좋은 창구가 되는 것이 바로 유튜브입니다. 해외 유튜버 중 좋은 영감을 주고 배울 점이 많다고 판단되는 사람을 찾아보세요. 그리고 적극적으로 상대에게 좋은 영감을 받고 있다는 댓글을 달아 보세요. 유튜버가 신경도 안 쓸 거라고 생각하겠지만, 반드시 당신의 메시지를 읽을 거예요. 지속적으로 해당 유튜버에 대해 관심을 표현하다 보면 유튜버도 사람이기 때문에 그런 사람에게 관심을 두게 되고 운이 좋다면 해당 유튜버와 소통할 기회를 가질 수도 있습니다. 단순히 필요한 정보만 얻기 위해 댓글을 남기거나 이메일을 보내는 방법보다는 직접 존경하는 사람을 찾아가는 방법을 추천드려요. 우리가 알고 있는 유명한 사람들은 불특정 다수에게 생각보다 많은 메일과 연락을 받기 때문에 자칫 내가 정성 들여 보낸 메시지들에 답할 시간이 없을 수 있어요. 하지만 자신을 보기 위해 멀리서 직접 찾아보고 끊임없이 관심과 지지를 보낸다면 상대방도 그 진심을 느낄 수 있을 거예요. 저 또한 유튜브를 시작한 초기부터 저를 응원해 주고 제게 좋은 영감을 받고 있다고 관심을 보여 주신 몇몇 구독자분들과 실제로 만나서 좋은 친구가 되었습니다.

세상에 먼저 문을 두드려 보세요. 그리고 적극적으로 멘토를 찾는 노력을 하다 보면, 어느새 내 삶의 많은 부분들이 바뀌어 있을 거예요.

#3

언제나 맨 윗자리는 비어 있어

영어라는 언어를 처음 접했을 때, 마치 첫 연애를 하는 기분이었습니다. 미지의 언어처럼 느껴지고 무언가 복잡해 보였지만 그냥 왠지 좋았어요. 그래서 더 알고 싶어졌습니다. 더듬더듬 바닥을 짚고 헤엄치는 사람처럼 더뎠지만 '언젠가는 멋지게 접영을 할 수 있을 거야.'라는 희망으로 하루하루 영어와 가까워지려고 노력했습니다. 어떤 날에는 망망대해를 홀로 헤엄치는 막막한 기분이 들기도 했지만, 포기하지 않고 지금까지 할 수 있었던 이유는 영어를 사랑해서였습니다. 이 책을 읽고 있는 여러분은 어떠신가요? 영어를 단기간 안에 끝내려고 전력투구하다가 금세 에너지가 소진되어 '영어는 역시 나랑 안 맞아.'라고 하진 않았나요? 사랑도 보석도 오랜 시간 다듬고 보듬고 지켜줘야만 진정으로 반짝반짝 빛이 나는 것 같아요.

**"영어를 정복해야 하는 대상으로 말고
연애하는 대상으로 생각해 보세요."**

　연애도 영어도 마찬가지예요. 처음에만 애정을 쏟다가 곧 시들해진다면 사랑에서도 공부에서도 성과를 볼 순 없을 거예요. 상대에게 잘 보이고 싶은 마음에 나답지 않은 행동을 한다면 그 사랑을 오래 지킬 수 없는 것처럼 지금 내가 영어 뉴스를 막힘 없이 듣고 싶다는 마음에 무리해서 수준에 맞지 않는 영어 공부를 하고 있다면, 그 끝도 결국은 좌절일 수밖에 없어요. 영어 공부를 할 때 그 어떤 방법론보다도 가장 중요한 건 바로 '진심과 사랑'이에요. '지금 내게 필요한 토익 점수만 줘.'라는 마음으로 영어에게 다가간다면 영어 또한 마찬가지로 마음을 열지 않을 거예요. '난 아직 너무 부족한데 너를 천천히 알아가고 싶어. 시간이 얼마가 걸리더라도 진심을 다해서 널 알아 갈게.'라고 말한다면 영어는 수많은 이야기를 들려줄 거고요.

　대학 시절, 친하게 지내던 친구 한 명이 있었어요. 평소에도 항상 다이어리를 가지고 다니며 계획을 세우기를 좋아하던 친구였죠. 시골에서 갓 상경해 두려운 것 천지였던 서울 생활에서 그 친구의 당당하고 활달한 모습은 제게 언제나 좋은 자극이 되었어요. 어느 날 그 친구와 수업을 듣고 나서 집에 와 노트를 다시 펼쳤는데 그 친구가 제 노트에 이런 글귀를 적어 놓았더라고요.

"경미야. 맨 윗자리는 언제나 널 위해 비어 있어. 우리는 하나의 소우주 래. 생각하는 대로 우리의 우주가 만들어진대." 친구의 말은 너무 조급해 하지 않아도 언젠가는 원하는 바를 이룰 수 있다는 의미였어요.

'아! 그럼 내가 나쁜 생각을 하고 안 좋은 행동을 하게 되면 내 우주는 쓰레기가 되는 거구나. 그럼 내 우주에는 좋은 것들만 채워 놓고 싶다!'

친구가 건넨 소우주론은 제 인생에 매우 중요한 이정표가 되었습니다. 살아갈 날들을 경쟁이 아닌 사랑으로 채울 수 있게 해 주었어요. 만약 영어를 성공의 도구로만 여겼다면 원하는 점수가 나왔을 때 미련 없이 영어에 손을 뗐을 거예요. 하지만 영어가 제가 가치 있는 인생을 살아가는 데 중요한 열쇠가 될 것이라는 믿음이 있었고, 영어를 통해 만들어 가는 저의 소우주가 마음에 들었습니다.

지금 당신은 어떤 소우주를 만들고 있나요? 저는 여러분의 소우주가 많은 고민과 노력, 시행착오들로 쌓이기를 바랍니다. 변명과 포기로 채워진 소우주가 아닌 열정과 도전, 집념으로 만들어낸 단단한 우주가 되기를 바라요. 영어 공부를 하다 보면 괜히 위축되고 '나는 언제쯤 영어로 유창하게 말할 수 있을까?' 하는 의구심이 들 때가 있습니다. 언제나 우리의 비교 대상이 되어야 할 것은 다른 누군가가 아닌 '과거의 나'라는 걸 잊지 마세요. '쟤는 유학 갔다 왔으니까 잘하는 거지. 나도 유학 갔다 왔으면 쟤보다 더 잘할 수 있었을 텐데….'가 아닌, '예전엔 영어로 쓰는 것조차 힘들었는데 이제 영어로 말을 어설프게라도 할 수 있네?'라고 생각을 바꾸어야 해요. 영어를 배운다는 것은 누군가와 경쟁하는 것이 아닌 좀 더 나은 내가 되기 위한 '여정'이 되어야 해요. 제 메신저 상태 메시지는 몇 년째 이렇게 적혀 있답니다.

"Life is a journey."

　인생이 여행이 되는 순간, 모든 건 특별해집니다. 영어 공부도 여행이 되는 순간, 모든 것들이 다르게 보일 거예요. 어느 중고 서점에서 찾은 낡은 영어책 한 권이 영어에 눈을 뜨게 하는 순간이 될 수도 있고 스터디를 함께하는 친구들이 든든한 여행 파트너가 될 수도 있어요. 그 순간순간을 여정이라고 생각하고 반짝이는 여러분이 되었으면 좋겠습니다. 15년이 지난 지금, 이렇게 여러분들에게 저의 20대를 바꿔 놓았던 글귀를 나눌 수 있게 되어 정말 행복합니다.

"잊지 마세요.
언제나 당신을 위한 맨 윗자리는 비어 있습니다."

#4

당신이 가진 무한한 가능성

앳된 스물다섯의 여학생이 찾아와 상담한 적이 있어요. "선생님, 저는 영어를 좋아하고 잘하고 싶어요. 얼마 전부터 아이들에게 영어를 가르치는 일을 시작했는데, 영어를 제대로 배우고 싶다는 생각이 들었어요. 그래서 TESOL 대학원에 진학해 볼까 생각 중이에요."

학생의 이야기를 들은 저는 곰곰이 생각한 뒤 말을 이어 나갔습니다. "정말로 본인이 하고 싶은 일이 가르치는 게 맞나요? 혹시 정말로 이루고 싶은 게 있는데 그 목표가 너무 높아 보여서 입 밖에 꺼내지 않은 꿈은 없나요?"

"사실은 저 통역에도 관심이 있어요⋯. 그렇지만 왠지 그 영역은 제가 넘볼 수 없는 영역인 것 같아요."

"제가 왜 이런 질문을 한 줄 알고 계시나요? 제가 딱 10년 전에 그런 고민을 했거든요. 영어를 잘하고 싶고 끝까지 가고 싶은데, 자신이 없었기 때문에 현실적으로 할 수 있는 게 뭘까 고민했어요. 그때 제 눈에 들어온 게 TESOL 대학원이었죠. 만약 제가 교육에 큰 뜻이 있었다면 당연히 TESOL 과정이 제게 꼭 필요한 공부였겠지만, 사실 제가 TESOL을 알아본 건 통역을 공부할 자신이 없었기 때문이에요. 그런데 어느 날 문득 그런 생각이 들었어요. '그냥 뚫고 가 보자. 지금 하지 않아서 언젠가 후회할 거라면, 그냥 지금 해 보자. 할 수 있는 한 끝까지 가 보자.' 물론 더 오랜 시간이 걸리고 힘들었지만, 그 선택을 후회하지는 않아요. 내 꿈이 있다면 그 꿈을 정면으로 돌파해 보세요."

이야기를 듣던 학생의 두 눈이 갑자기 '반짝'하고 빛났습니다. "선생님 얘기를 듣고 저도 그렇게 하고 싶어졌어요. 저도 그렇게 하고 싶어요!"

처음 꿈을 꿀 때 우리의 마음속에는 두 가지 생각이 양립합니다. 하나는 생각만 해도 가슴이 벅찰 정도로 원대한 꿈을 꾸는 것이고, 또 하나는 '나는 그 꿈을 이룰 수 없을 거야.'라는 두려움이에요. 이 두 가지 마음이 계속해서 싸우면서 원대한 마음이 두려움을 이기면 꿈을 이루는 것이고, 두려움이 원대한 마음을 이기면 꿈을 포기하게 되는 것이죠. 시간이 지날수록 처음에 품었던 원대한 마음보다 두려움이 점점 더 커집니다. 실패하는 것이 두려워서 조금씩 목표치를 낮추고 결국에는 내가 현실적으로 할 수 있는 방법을 선택하게 되죠. 저 또한 그랬어요. 영어를 정말 잘하고 싶었고, 통역에 도전해 보고 싶었습니다.

시간이 지날수록 현실의 높은 벽에 부딪혔습니다. '세상에는 영어를 잘하는 사람이 너무 많구나….' 통역사가 간절하게 되고 싶었지만, 현실적으로 내가 할 수 있는 게 있을지를 먼저 고민하기 시작했어요.

'초등학생 정도는 가르칠 수 있지 않을까?' 생각하며 현실과 타협하면서 처음에 꿨던 원대한 꿈은 조금씩 작아지고 있었습니다. 초등학생부터 시작해서 중학생, 고등학생을 가르치게 되었고, 회화가 어느 정도 편안해졌을 때 성인 회화를 가르칠 수 있었습니다. 성인을 가르칠 수 있게 되었을 때는 '이 정도면 충분하지 않을까?'라며 제 스스로의 가능성을 제한하기 시작했어요. 하지만 마음 한편에서는 계속 통역사가 되고 싶다는 꿈을 억누르고 있었습니다.

그러던 어느 날 꿈을 꾸었어요. 몸에 딱 맞는 고급스러운 정장을 입고 출근을 준비하고 있는 제 모습이 보였습니다. 출근을 하려고 집을 나서는데 제 뒤에 아이가 '엄마, 잘 다녀와.' 하고 웃으면서 인사를 하는 꿈이었어요. 그렇게 꿈에서 깨고 저는 마치 원효대사가 해골 물을 마신 뒤 깨달음을 얻은 것처럼 머릿속이 맑아지는 경험을 했습니다. '아이에게 자랑스러운 엄마가 되고 싶어. 하기 싫은 일을 하면서 출근하는 삶이 아닌 통역사가 돼서 내가 사랑하는 일을 하면서 살고 싶어.'

그 꿈을 꾸고 난 뒤 저는 두렵게만 느껴졌던 통번역대학원 입시를 결심하게 되었어요. 약 2년간의 준비 끝에, 스물아홉의 나이에 대학원에 입학할 수 있었습니다. 등록금을 마련하기 위해 회사와 병행하며 휴학과 복학을 반복하고 4년 만에 대학원을 졸업할 수 있었습니다. 공부한 시간을 합치면 짧게 느껴질 수도 길게 느껴질 수도 있는 시간이지만 고민을 한 시간이 어쩌면 공부한 시간보다 더 길었을 거예요. 열아홉 살 때부터 꿈꿨던 통역사라는 꿈을 이루기 위해 첫발을 내딛기까지 정확히 10년의 시간이 걸렸기 때문이죠. 제 스스로의 가능성에 제한을 걸어버리니 꿈을 향해 한 걸음을 내딛는 것조차 쉽지 않았습니다. 사소한 꿈이 계기가 되어 첫걸음을 떼었고, 그 모든 과정을 끝내고 나니 이런 생각이 들었어요. '해냈다. 이제부터 뭐든지 다 할 수 있어!'

인생에서 가장 큰 산이라고 생각했던 통역사가 되기 위한 교육을 마치고 나니, 무엇이든 다 할 수 있다는 자신감을 얻게 되었습니다. 마음먹기에 따라 나는 아무것도 아닌 사람이 될 수도 있고 눈부시게 빛나는 사람이 될 수도 있다는 사실을 긴 시간을 통해 알게 되었죠. '결국 모든 건 다 내 마음에 달려 있구나.'라는 깨달음도 얻게 되었고요.

오래전 통역사라는 꿈을 막연하게 꾸었고 오랜 시간이 걸려 그 꿈을 이루었습니다. 영어로 제대로 된 말 한마디 할 수 없었던 그때도 마음속에 이상한 열망이 자라나고 있었어요. '내가 혹시 꿈을 이룬다면 꼭 그 이야기를 많은 사람들과 나눠

▲ 청소년들이 만나고 싶은 직업인으로 선정되어 청소년 대상 인터뷰를 진행하는 모습

야지! 자기 자신을 미운 오리 새끼라고 생각하는 누군가가 있다면 당신은 미운 오리 새끼가 아니라 백조라고 알려 줄 거야.'라고 다짐했습니다. 그렇게 마음먹고 그 말을 전할 수 있는 날을 기다리며 오랜 시간 조금씩 천천히 앞을 향해 나아갔습니다. 그리고 그 오랜 소망은 현실이 되었어요.

지금 마음속에 품고 있는 그 꿈을 숨기지 마세요. 세상 사람들 모두가 다 들을 수 있게 큰 소리로 외치세요. 이미 입 밖으로 꿈을 내뱉은 순간 인간은 본능적으로 그 꿈을 이루기 위해 행동하게 되어 있으니까요. 마음 속으로 혼자만 꿈을 간직하는 방법은, 안전해 보이지만 꿈을 이루는 데에는 그다지 도움이 되지 않습니다. 입 밖으로 꿈을 말하고 사람들에게 내 꿈을 공표함으로써 그 꿈을 이루기 위한 행동을 취해야 하는 명분과 목격자들이 생기는 거예요. "앞으로 3년 안에 영어로 자유자재로 의사소통하고 해외 지사로 발령 나가 나의 커리어를 발전시키겠어." "나는 1년 동안 미친 사람처럼 영어를 해서 내년엔 꼭 해외로 선교 활동을 하러 나가겠어." "10년 뒤에 나는 UN에서 연설하고 《포브스》가 선정한 세계에서 가장 영향력 있는 인물 100인 안에 들 거야."

마음속에 있는 그 꿈이 남들이 보기에 비현실적으로 보이는 꿈일지라도 여러분은 절대 그 꿈을 낮추거나 깎아내려서는 안 됩니다. 자신조차 믿지 못한다면 그 꿈은 정말 이루어지지 않기 때문이에요.

"자신의 가능성을 믿으세요.
그리고 나 자신을 믿으세요."

당신은 스스로를 변화시킬 것이고, 주변 사람들에게도 큰 영향력을 끼치게 될 것입니다. 그리고 당신을 몰랐던 사람들까지도 당신을 알게 될 거예요. 당신은 세상을 바꿀 것이고, 당신으로 인해 세상은 훨씬 더 가치 있을 거예요.

그 어떤 누구도 당신의 가능성을 제한하게 두지 마세요. 당신이 갈 수 있는 곳, 당신이 이룰 수 있는 것은 당신 생각보다 훨씬 더 무한할 테니까요.

내 인생은 내가 만든다.

내가 빛이 나면

내 인생은 화려하고,

내가 사랑하면

내 인생은 행복이 넘치며,

내가 유쾌하면

내 인생은 웃음꽃이 필 것이다.

무적의 셀프스터디 커리큘럼

	1개월
1교시 **Warming Up**	**팝송 틀고 흥얼거리기** 화장할 때, 이동할 때 들으면서 귀에 시동 걸기
2교시 **Phrasal Verbs**	**구동사 학습** 앱 〈English Phrasal Verbs〉를 활용하여 하루 5개 구동사 익히기
3교시 **Lectures**	**영상 시청** 추천: 클래스유 강의 〈통역사에게 배우는 66일 영어회화비밀과외〉 1강씩 수강하기
4교시 **Listening & Speaking**	**유튜브 영상 딕테이션 + 녹음** (2분 30초 내외 분량)
5교시 **Exposure**	**미드, 해외 유튜버 vlog 자막 없이 시청** 유용한 표현 정리하기
6교시 **Grammar**	**쉬운 문법책 빠르게 훑기** 추천: 《영어의 뼈와 살, 라임 편집부 저》, 《나비효과 영문법, 레오짱 저》
7교시 **Pronunciation & Intonation**	**앱 〈영어회화 레벨테스트〉로 영작 연습** 취침 전에 누워서 간단하게 영어 테스트하기

영어 잡식을 즐기면서 기초 다지기(1개월~3개월 차)

2개월	3개월
짧은 동기 부여 영상 시청 추천: 유튜브 〈잭스파이어 Jackspire〉, 〈Motivation Madness〉	**〈이근철 TV〉 영상 시청** 매일 오전 7시 30분에 업로드되는 영상으로 하루 시작하기
구동사 학습 앱 〈English Phrasal Verbs〉를 활용하여 하루 5개 구동사 익히기	**구동사 학습** 앱 〈English Phrasal Verbs〉를 활용하여 하루 5개 구동사 익히기
영상 시청 추천: 클래스유 강의 〈통역사에게 배우는 66일영 어회화비밀과외〉, 유튜브 〈에스텔잉글리쉬〉, 〈구슬쌤〉, 〈Sophie Ban〉 채널 1강씩 수강하기	**영상 시청** 추천: 유튜브 〈라이브 아카데미〉, 〈박앵커의 뭉 치영어〉 채널 1강씩 수강하기
유튜브 영상 딕테이션 + 녹음 (2분 30초 내외 분량)	**'브라이언 트레이시' 강연 분리 학습** (1시간 30분 분량) 2분 단위로 끊어서 딕테이션 + 녹음하기
팝송으로 유용한 표현 + 단어 학습 추천: 〈팝스 잉글리시 3〉	**미드, 해외 유튜버 vlog 자막 없이 시청** 유용한 표현 정리하기
《Grammar in Use》 온라인 강의 수강 추천: 박상효 선생님 강의	**《Grammar in Use》 온라인 강의 수강** 추천: 박상효 선생님 강의
앱 〈영어회화 레벨테스트〉로 영작 연습 취침 전에 누워서 간단하게 영어 테스트하기	**앱 〈Elsa Speak〉로 발음 훈련** 발음, 인토네이션 체계적으로 학습하기

무적의 셀프스터디 커리큘럼

	4개월
1교시 Warming Up	**〈팟캐스트〉를 이용해 방송 청취** 이동할 때 입으로 따라 하기
2교시 Phrasal Verbs	**구동사 매일 5개씩 익히기** 구동사 학습은 계속돼야 한다.
3교시 Lectures	**유튜브 〈mmmEnglish〉** 원어민 영어 강의로 방에서 유학하기
4교시 Listening & Speaking	**'브라이언 트레이시' 강연 분리 학습** (1시간 30분 분량) 2분 단위로 끊어서 딕테이션 + 녹음하기
5교시 Exposure	**미드, 해외 유튜버 vlog 자막 없이 시청** 유용한 표현 정리하기
6교시 Grammar	**배운 문법 가르치기** 진짜 내 지식으로 만들기
7교시 Pronunciation & Intonation	**앱 〈Elsa Speak〉로 발음 훈련** 발음, 인토네이션 체계적으로 학습하기

원어민 선생님 수업을 들으며 집에서 유학하기(4개월~6개월 차)

5개월	6개월
〈팟캐스트〉를 이용해 방송 청취 이동할 때 입으로 따라 하기	**〈아리랑 TV〉, 라디오 청취** 키워드 위주로 유용한 표현 정리하기
구동사 매일 5개씩 익히기 구동사 학습은 계속돼야 한다.	**구동사 매일 5개씩 익히기** 구동사 학습은 계속돼야 한다.
유튜브 〈Rachel's English〉 발음과 연음 원리 체계적으로 배우기	**유튜브 〈Learn English with Gill〉** 영국 발음으로 영어 강의 즐기기
'브라이언 트레이시' 강연 분리 학습 (1시간 30분 분량) 2분 단위로 끊어서 딕테이션 + 녹음하기	**'브라이언 트레이시' 강연 통째로 말하기(녹화)** 호흡이 긴 콘텐츠를 내 것으로 만들기
TV쇼, 인터뷰 의문 표현 학습 추천: 〈코난쇼〉, 〈오프라윈프리쇼〉, 〈엘렌쇼〉, 〈Vogue 73 Questions〉	**TV쇼, 인터뷰 의문 표현 학습** 추천: 〈코난쇼〉, 〈오프라윈프리쇼〉, 〈엘렌쇼〉, 〈Vogue 73 Questions〉
배운 문법 가르치기 진짜 내 지식으로 만들기	**배운 문법 가르치기** 진짜 내 지식으로 만들기
앱 〈Elsa Speak〉로 발음 훈련 발음, 인토네이션 체계적으로 학습하기	**앱 〈Elsa Speak〉로 발음 훈련** 발음, 인토네이션 체계적으로 학습하기

무적의 셀프스터디 커리큘럼

	7개월
1교시 Warming Up	**〈아리랑 TV〉, 라디오 청취** 키워드 위주로 유용한 표현 정리하기
2교시 Collocation	**앱 〈OXCOLL〉로 연어 학습** 동사와 명사의 궁합 익히기
3교시 Lectures	**유튜브 〈English with Lucy〉** 원어민 영어 강의로 방에서 유학하기
4교시 Listening & Speaking	**전화/화상영어, 영어 회화 스터디, 스피킹 앱** 열심히 쌓아 올린 영어 실력 발휘하기
5교시 Exposure	**오디오북 학습** 유튜브에 '도서명 + audiobook'으로 검색 후 책과 함께 보기
6교시 Deepen your English	**도서 《네이티브 영어표현력 사전, 이창수 저》** 교과서처럼 읽기
7교시 Pronunciation & Intonation	**도서 《영어 회화 발음 & 청취 사전, 김련희 저》, 앱 〈Elsa speak〉** 발음 원리 체계적으로 이해하기

이젠 실전이다! 24시간 영어 환경에 노출되기(7개월~9개월 차)

8개월	9개월
⟨CNN⟩, ⟨BBC⟩, ⟨ABC⟩ 뉴스 청취 키워드, 전체적인 메시지 파악하기	**⟨TED⟩ 청취** 아침마다 영어 귀 뚫기
앱 ⟨OXCOLL⟩로 연어 학습 동사와 명사의 궁합 익히기	**앱 ⟨OXCOLL⟩로 연어 학습** 동사와 명사의 궁합 익히기
유튜브 ⟨Adam's English Lessons⟩ 원어민 영어 강의로 방에서 유학하기	**유튜브 ⟨AccurateEnglish⟩** 원어민 영어 강의로 방에서 유학하기
전화/화상영어, 영어 회화 스터디, 스피킹 앱 열심히 쌓아 올린 영어 실력 발휘하기	**전화/화상영어, 영어 회화 스터디, 스피킹 앱** 열심히 쌓아 올린 영어 실력 발휘하기
오디오북 학습 유튜브에 '도서명 + audiobook'으로 검색 후 책과 함께 보기	**⟨TED⟩ 꼼꼼하게 청취** 딕테이션해 보고, 표현 정리하기
도서 ≪네이티브 영어표현력 사전, 이창수 저≫ 교과서처럼 읽기	**도서 ≪네이티브 영어표현력 사전, 이창수 저≫** 교과서처럼 읽기
도서 ≪영어 회화 발음 & 청취 사전, 김련희 저≫, 앱 ⟨Elsa speak⟩ 발음 원리 체계적으로 이해하기	**도서 ≪영어 회화 발음 & 청취 사전, 김련희 저≫, 앱 ⟨Elsa speak⟩** 발음 원리 체계적으로 이해하기

무적의 셀프스터디 커리큘럼

	10개월
1교시 Warming Up	**〈아리랑 TV〉, 라디오 청취** 키워드 위주로 유용한 표현 정리하기
2교시 Writing	**〈Grammarly〉 사이트 또는 〈ChatGPT〉로 첨삭** 매주 1개의 주제 선정하여 다양한 글쓰기
3교시 Lectures	**유튜브 〈박앵커의 뭉치영어〉** 고급 강의를 통한 내공 쌓기
4교시 Listening & Speaking	**전화/화상영어, 영어 회화 스터디, 스피킹 앱** 영어로 말할 수 있는 곳은 어디든 달려가기
5교시 Exposure	**〈TED〉 꼼꼼하게 청취** 딕테이션해 보고, 표현 정리하기
6교시 Deepen your English	**앱 〈CNN〉으로 영어 뉴스 읽기** CNN 5 Things : CNN 뉴스를 간추려서 메일링해주는 서비스로 메일 주소만 입력하면 간단하게 메일로 실시간 뉴스 확인 가능
7교시 Pronunciation & Intonation	**작문한 에세이나 연설문으로 스피치** 사람들 앞에서 스피치하거나 녹화해서 모니터링하기

Advanced로 도약하기(10개월~12개월 차)

11개월	12개월
〈CNN〉, 〈BBC〉, 〈ABC〉 뉴스 청취 키워드, 전체적인 메시지 파악하기	**〈TED〉 청취** 아침마다 영어 귀 뚫기
〈Grammarly〉 사이트 또는 〈ChatGPT〉로 첨삭 매주 1개의 주제 선정하여 다양한 글쓰기	**〈Grammarly〉 사이트 또는 〈ChatGPT〉로 첨삭** 매주 1개의 주제 선정하여 다양한 글쓰기
유튜브 〈박앵커의 뭉치영어〉 고급 강의를 통한 내공 쌓기	**유튜브 〈박앵커의 뭉치영어〉** 고급 강의를 통한 내공 쌓기
전화/화상영어, 영어 회화 스터디, 스피킹 앱 영어로 말할 수 있는 곳은 어디든 달려가기	**전화/화상영어, 영어 회화 스터디, 스피킹 앱** 영어로 말할 수 있는 곳은 어디든 달려가기
세계 명문대 유튜브 채널 학습 추천: 〈하버드〉, 〈옥스퍼드〉	**세계 명문대 유튜브 채널 학습** 추천: 〈하버드〉, 〈옥스퍼드〉
앱 〈CNN〉으로 영어 뉴스 읽기 CNN 5 Things : CNN 뉴스를 간추려서 메일링해주는 서비스로 메일 주소만 입력하면 간단하게 메일로 실시간 뉴스 확인 가능	**《타임지》, 《가디언지》, 《이코노미스트》 읽기** 매주 1개의 칼럼을 선정하여, 단어 찾고 해석, 소리 내서 읽기
작문한 에세이나 연설문으로 스피치 사람들 앞에서 스피치하거나 녹화해서 모니터링하기	**작문한 에세이나 연설문으로 스피치** 사람들 앞에서 스피치하거나 녹화해서 모니터링하기

MEMO